미셸 푸코

미셸 푸코

지은이 / 프레데릭 그로
옮긴이 / 배세진
펴낸이 / 강동권
펴낸곳 / (주)이학사

1판 1쇄 발행 / 2022년 10월 31일
1판 3쇄 발행 / 2024년 3월 20일

등록 / 1996년 2월 2일 (신고번호 제1996-000015호)
주소 / 서울시 종로구 율곡로13가길 19-5(연건동 304) 우 03081
전화 / 02-720-4572
홈페이지 / ehaksa.kr
이메일 / ehaksa1996@gmail.com
페이스북 / facebook.com/ehaksa · 트위터 / twitter.com/ehaksa

* 책값은 뒤표지에 표시되어 있습니다.

미셸 푸코

Michel Foucault

프레데릭 그로 지음

배세진 옮김

이학사

일러두기

1. 이 책은 Frédéric Gros, *Michel Foucault*(PUF, 2017)를 우리말로 옮긴 것이다.
2. 원서의 이탤릭체는 고딕체(도서명은 『』)로 표기했다.
3. 숫자로 표기한 각주는 지은이의 주석(원주)이고 별표(*)로 표기한 각주는 옮긴이의 주석이다.
4. 부호의 쓰임은 다음과 같다.
   " ": 원서에서 《》로 된 인용문 및 인용구
   ' ': 대문자 단어
   『 』: 도서 제목, 잡지 제목
   「 」: 논문 제목
   〈 〉: 그림 제목, 영화 제목
   《 》: 총서 제목
   [ ]: 옮긴이의 부연 설명

J. F. 페루즈Pérouse에게

차례

전기적 사실[1]

1. 지방 부르주아의 유년 시절

미셸 푸코는 1926년 10월 15일 [프랑스의 지방도시] 푸아티에에서 태어났다. 그의 집안은 가톨릭 전통의 유복한 부르주아 집안이었다. 친가와 외가에서는 대대로 많은 의사가 배출되었다. 푸코의 부모는 세 명의 자식을 두었다. 첫째인 프랑신Francine, 둘째인 폴-미셸Paul-Michel, 1933년에 태어난 막내 드니Denys가 그들이다. 푸코의 어머니는 방되브르-뒤-푸아투Vendeuvre-du-Poitou에 아름다운 저택을 소유하고 있었다. 푸코는 휴가 기간에 이 저택에 머물면서 집필 활동을 즐

---

1 이에 관해 더 많은 정보를 얻기 위해서 우리는 다니엘 드페르Daniel Defert의 「연보Chronologie」(Michel Foucault, *Dits et écrits*, t. I, Gallimard, 1994, pp. 13-64)와 디디에 에리봉Didier Éribon의 책(*Michel Foucault*, Flammarion, 1989)을 참고할 것이다(나에게 푸코에 관한 상세한 설명을 제공해 준 드페르에게 감사한다).

겼다. 폴-미셸 푸코는 1930년에서 1940년까지 푸아티에에 있는 앙리 4세 학교에 다녔다. 그는 이 학교에서 총명한 학생으로 두각을 드러냈다. 이 시기는 푸코에게 오스트리아의 수상 엥겔베르트 돌푸스Engelbert Dolfuss의 암살로 기억된다 ("이 사건은 나에게 죽음에 관한 최초의 거대한 두려움으로 다가왔다"). 1936년에 그는 스페인 망명자의 자녀들과 어울려 다녔다. 어린 푸코는 외과의사가 아니라 역사학자가 되겠다고 선언해서 주변 사람들을 놀라게 했다. 폴-미셸은 1940년 기독교 학교 형제회frères des Écoles chrétiennes 소유의 생-스타니슬라스Saint-Stanislas 학교에 입학했다. 이미 그때 이 학교가 위치한 푸아티에는 독일군의 점령 아래 있었다. 1943년 푸코는 바칼로레아를 통과하고 파리 울름가에 있는 고등사범학교 입학을 준비하기 위해 9월에 푸아티에의 고등사범학교 입시 준비반 1년차에 들어갔다. 첫해의 입시에서 실패한 후에는 파리의 앙리 4세 고등학교의 고등사범학교 입시 준비반으로 옮겼다. 그래서 푸코는 푸아티에와 가족을 떠나게 되었다. 어머니를 향한 푸코의 애정은 여전해서 (1959년 아버지가 돌아가신 뒤에는) 어머니를 만나기 위해 방되브르의 집을 자주 들렀으며, 1982년에는 방되브르에 집을 한 채 구입했다.

(헤겔의 위대한 번역자이자 주석자인) 장 이폴리트Jean Hyppo-lite는 파리의 앙리 4세 고등학교에서 철학을 가르쳤다. 그의

강의는 경탄스러웠고, 학생들의 매혹된 눈에는 헤겔의 사유 전체가 보였다. 철학은 더 이상 형식적 유희로 끝나는 것이 아니라 역사의 고뇌와 운명을 공유하는 것으로 보였다. 푸코는 이폴리트에 대한 헌사에서 그에게 "모든 것을 배웠다"고 적었듯이 이 거대한 선생에게 많은 빚을 졌다고 언제나 언급하고 싶어 했다.

2. 명민한 지식인으로서의 필연적 여정

1946년 7월 푸코는 파리 고등사범학교에 입학했다. 그 시절 이 학교에 들어가는 것은 그 학생이 명석한 머리를 지녔다는 것을 인정받는 일이었다. 그가 조르주 캉길렘Georges Canguilhem을 처음 만난 것은 철학 구술시험에서였다. 푸코는 울름가에서 총 4년간 수학한다. 이 시기는 '해방'의 시기이자 미국의 문화 모델이 강력한 매력을 발휘하기 시작한 시기였다. 하지만 푸코에게 시작된 이 새로운 삶은 도덕적으로 고통스런 삶이었다. 동성애는 그에게 고통스런 내적 갈등의 근원이었다. 전후 프랑스 사회는 청교도적 성격이 강했고 도덕주의가 만연했다. 푸코는 사람들에게 공격적이고 참을성 없고 반사회적인 인물로 보였다. 1948년 그는 자살을 시도했다. 그는 학교 의무실의 독방을 배정받고 생트-안느 병원에서 장 들레Jean Delay 교수의 진료를 받았다. 1950년쯤에는 알코올 의존이 심해져서 정신요법을 받기 시작했지만 곧바로 그만두었다. 그럼에도 그는 피에르 부르디외Pierre Bourdieu, 폴 벤느Paul Veyne, 장-클로드 파스롱Jean-Claude Passeron, 모리스 팽게Maurice Pinguet 등 몇몇 동창생과 끈끈한 우정을 쌓기 시작했다. 그는 파리 고등사범학교의 철학 교사로 있던 루이 알튀세르Louis Althusser와 우정을 나누었으며, 그의 영향을 받아 1950년 프랑스 공산당에 입당하기도 했다(그는 1952년 10월까지 당적을 유지했다). 그 당시 프랑스 공산당은 나치의 공격에 맞선 레지스탕스의 당이었기 때문에 엄청난 명예를 누렸다.

하지만 푸코에게 이 시기는 학업의 시기이기도 했다. 푸코는 모리스 메를로퐁티Maurice Merleau-Ponty와 장 보프레Jean Beaufret의 수업을 들을 수 있었다. 그는 현상학과 맑스주의라는 전후의 두 거대한 철학 조류 — 실존주의는 두 조류의 화해를 시도했다 — 사이에서 항해했다. 리센코Lyssenko 사건이 1948년에 터졌다. 이 사건에서 과학적 문제를 둘러싸고 정치적 선택이 내려졌다. 따라서 부르주아 과학과 프롤레타리아 과학의 구분은 자명한 것으로 인정되었다. 푸코는 헤겔(그는 헤겔에 관한 철학 논문을 썼다), 후설, 맑스, 하이데거의 저작뿐만 아니라 문학작품까지도(사드Sade, 카프카Kafka, 주네Genet 등) 탐독했다. 그는 1947년에 심리학 학사학위를 취득했고, 1951년에는 장 이폴리트와 조르주 캉길렘 등으로 구성된 심사위원회를 통해서 철학 교수 자격을 획득했다(이는 무성한 소문을 낳았던 첫 낙방 이후의 일로, 사람들은 그가 떨어진 이유가 프랑스 공산당에 입당했기 때문이라고 생각했다).

학생 생활을 마친 푸코는 1952년에서 1955년까지 파리 고등사범학교에서 철학 교사로, 그리고 릴대학에서 심리학과 조교로 일했다. 그 당시는 심리학이 대학에 수용된 직후였다. 폴리처Politzer의 저술에 토대를 둔 정신분석학은 푸코에게 지속적인 반감을 불러일으켰다. 이 시기에 푸코는 니체의 저작을 발견했으며, 또한 베케트Beckett, 바타유Bataille, 블랑쇼Blanchot, 클로소프스키Klossowski, 샤르Char의 작품을 읽었다. 동시에 푸코는 정신의학계와 점점 더 열심히 교류하기 시작했다. 그는 1952년 정신병리학 학위를 취득했고 1953년에는 실험심리학 학위를 취득했다. 특히 푸코는 들레 교수의 진료에 참석해서 신경이완제의 혁명적 도입을 목격했다. 그는 한때 생트-안느 병원에서 진행된 라캉Lacan의 세미나에 참석했고 자클린 베르도Jacqueline Verdeaux와 함께 루트비히 빈스방거Ludwig Binswanger를 만났다(이때 정신의학자 롤런드 쿤Roland Kuhn이 조직한 광인들의 카니발에 참석하기도 했다).

그는 또한 로르샤흐 테스트planches de Rorschach의 해석에 관해 연구했다. 푸코의 첫 저작은 1954년 4월에 출간되었다. 제목은 『정신병과 인격』*이었고 여전히 맑스주의의 흔적을 지니고 있었다. 푸코는 전보다 덜 불안정한 듯했고 1953년 5월 음악가 장 바라케Jean Barraqué와 연애를 시작했지만 이 연애는 푸코가 스웨덴으로 떠나면서 끝나게 되었다.

3. 북쪽 나라에서의 삶

푸코는 1955년 가을 프랑스어 교사로 웁살라에 정착했다. 그곳에서 그는 평생 동안 관계를 맺게 될 조르주 뒤메질 Georges Dumézil을 만나게 되었다. 그는 웁살라대학 도서관에서 의학 문서고를 발견했고, 그 덕분에 고전주의 시대의 광기에 관한 긴 문헌 작업에 착수할 수 있었다. 스웨덴은 그 당시 모범적인 사회 모델이자 훌륭한 관용의 나라로 보였다. 이 시기에 푸코는 댄디였다. 그는 재규어를 몰았으며 옷차림에 신경을 많이 썼다. 그는 프랑스 문학에 관한 일련의 강의

---

*	한국어판은 『정신병과 인격』의 개정판을 번역한 『정신병과 심리학』, 박혜영 옮김, 문학동네, 2002 참조.

(사드에서 주네까지, 샤토브리앙Chateaubriand에서 베르나노스Ber-nanos까지)를 했고 높은 평가를 받았다. 그의 활동은 프랑스 지성계의 유명인사와 만날 기회를 제공했다. 그렇게 그는 알베르 카뮈Albert Camus와 장 이폴리트 등을 만날 수 있었다. 그러나 푸코는 파리로 자주 돌아왔다. 1955년 12월 파리에서 그는 앞으로 우정을 나누게 될 롤랑 바르트Roland Barthes를 만났고, 1957년 7월에는 조제 코르티José Corti 서점에서 레몽 루셀Raymond Roussel의 저작을 발견하게 되었다. 그는 1958년 5월 파리의 정치적 사건에 참여하기도 했다. 이런 모든 활동이 작업과 집필의 기나긴 기간에 흔적을 남겼다. 푸코가 이후 『광기의 역사Histoire de la folie』가 될 원고의 집필을 끝마친 것은 폴란드(새로운 강사직: 그는 이번에는 드골주의자인 뷔랭데 로지에 곁에서 일한다)에서였다. 감금에 관한 이 긴 저작은 폴란드 경찰을 자극했고 결국 푸코는 폴란드를 떠나게 되었다. 요컨대 푸코는 스웨덴의 자유주의를 경험한 이후에 폴란드의 전체주의를 경험했던 것이다. 그는 자신의 두 번째 논문*을 완성하기 위해 1960년 봄 독일 함부르크로 가게 되었

* 1959년 푸코는 폴란드 바르샤바를 떠나 1960년 함부르크의 프랑스 문화원 원장으로 부임한다. 이곳에서 그는 1960년 박사학위 부논문을 집필하게 된다. 이 부논문은 칸트의 『실용적 관점에서 본 인간학』의 번역과 이 번역에 푸코 자신이 붙인 긴 서문이다. 여기에서 말하는 푸코의 두 번째 논문은 서문에 해당하는 『칸트의 인간학에 관하

고, 그곳에서 독일의 점진적 재건을 목격하게 되었다. 프랑스로 돌아온 푸코는 클레르몽페랑대학에서 심리학 강의를 시작했다. 그해 10월 푸코는 다니엘 드페르Daniel Defert를 만나게 되었다.

4. 파리의 지식인

1961년 5월 푸코는 소르본대학에서 광기에 관한 박사 논문을 제출했다. 이 논문은 심사 직후 플롱Plon 출판사에서 『광기와 비이성Folie et déraison』이라는 제목으로 출간되었다(1961)*. 비평계의 반응은 신중했지만, 바르트, 블랑쇼, 망드루Man-drou, 브로델Braudel (그리고 조금 뒤에는 미셸 세르Michel Serres) 같은 명망 높은 지식인들이 『광기의 역사』(몇 년 뒤 갈리마르 출판사가 이 제목으로 책을 재편집해 출간했다)를 위대한 저작으로 인정했다. 곧이어 푸코는 『임상의학의 탄생Naissance de la clinique』(이 책은 1963년에 출간되었다)을 집필했지만, 그의 관심은 언제나 문학 쪽에 더 집중되어 있었던 것으로 보인다. 이

여: 실용적 관점에서 본 인간학 서설』이다(한국어판은 김광철 옮김, 문학과지성사, 2012).
★   한국어판은 『광기의 역사』, 이규현 옮김, 나남출판, 2003 참조.

시기는 푸코가 바타유, 클로소프스키, 라포르트Laporte, 횔덜 린Hölderlin, 블랑쇼에 관해 많은 글을 쓴 시기였다. 그는 『텔 켈Tel Quel』 그룹과의 논쟁에 참여하기도 했다. 푸코는 『레몽 루셀Raymond Roussel』을 집필했고, 잡지 『비평Critique』의 편집 위원으로 들어갔다. 그는 회화에 열정을 쏟기도 했고 니체를 다시 연구했으며 이때 질 들뢰즈Gilles Deleuze와 만나 친구가 되었다. 따라서 이 몇 년간은 왕성한 집필 활동으로 특징지 어진다. 그는 튀니지에 잠시 머물며 휴식을 즐겼고 그곳에서 드페르와 재회했다. 그러나 푸코는 곧바로 "기호에 관한 책" 을 쓰는 일에 사로잡힌 것으로 보이는데 그 책이 바로 1966년 4월에 출간된 『말과 사물Les mots et les choses』이다.* 인간의 죽 음을 선언한 이 책의 즉각적 성공은 푸코를 구조주의자 행렬 의 선두에 서게 했다. 이를 둘러싼 논쟁이 전개되었고 좌파 기독교도, 맑스주의자, 실존주의자가 뒤섞여 비판의 대열에 합류했다. 그들은 반동적인 반反인간주의와 니힐리즘의 탈정 치에 반대하면서 푸코를 비난했다.

---

*   한국어판은 『말과 사물』, 이규현 옮김, 민음사, 2012 참조.

5. 남쪽 나라에서의 삶

그러나 성공의 희생자가 된 푸코는 대중의 강렬한 열광에 질겁해 도망쳤고 튀니지에 정착해 그곳에서 처음으로 철학을 가르치기로 마음먹었다. 그는 2년간 튀니지에 머물렀다(1966년 9월-1968년 9월). 이 시기에 푸코는 『지식의 고고학L'archéologie du savoir』을 집필했는데 이 책은 이론적 건조함 때문에 대중의 기대를 저버렸다. 하지만 이 책을 쓰면서 푸코는 권력이 갖는 문제를 평가할 수 있었다. 1967년 6월, '6일 전쟁'과 관련해 튀니지에서 격렬한 시위가 발생했고 유대인 상인에 대한 계획된 공격이 일어났다. 튀니스대학은 점증하는 긴장의 장소가 되었다. 푸코는 투쟁하는 학생들을 지지했고, 로자 룩셈부르크Rosa Luxemburg와 체 게바라Che Guevara를 읽었으며, 곧이어 미국의 블랙 팬서의 텍스트를 읽기 시작했다. 그러나 튀니지에서 그는 다시 그리스인이 되라는 니체적 언명에 응답하기라도 하듯 지중해와 태양을 만끽하기도 했다.

푸코에게 파리의 68년 5월은 번개와 같이 빠르게 지나갔다. 하지만 모리스 클라벨Maurice Clavel이 보기에 68년 5월은 『말과 사물』에 대한 정치적 예화 같았다. 그러나 푸코는 68년 5월에서 혁명에 대한 희망의 좌절이나 계급투쟁의 객관적 표현을 보지 않았다. 그 대신에 그는 자신의 초기 작업의 연장선에서 반체제적 목소리의 다양하고 환원 불가능한 표현을 발견했다.

한편 프랑스에서는 뱅센대학이 설립되었다. 그것은 혁명에 대한 긴박한 요구를 충족시키고 과열된 정신을 안정시킬 실험 대학이었다. 푸코는 그곳의 철학 교수로 임명되었고, 그 덕분에 최초로 좌파라는 명성을 얻었다. 1969년 1월에는 공권력과 뱅센대학이 대치했다. 공권력은 68년 5월에 관한 영화의 상영을 금지했다. 결국 정부는 뱅센대학이 제시한 교과 과정(라캉주의 정신분석학, 맑스주의 사회학 등)을 문제 삼아 1970년 1월, 뱅센대학이 부여한 철학 학사 자격의 인정을 거부했다. 아마도 이 모든 소란에 지쳐 있었을 푸코는 이미 장 비유맹Jean Vuillemin의 추천으로 콜레주드프랑스의 교수직 임명을 기대하고 있었다. 국제적 경력이 시작되고 있었던 푸코는 (그해 5월에는 미국에서, 9월에는 일본에서 초청받았다) 콜레주드프랑스 교수로 선출되었다. 그는 1970년 12월 2일 콜레주드프랑스 취임 강연(『담론의 질서』)을 펼쳤다. 프랑수아 에발드François Ewald가 곧 그의 조교가 되었다. 그곳에서 푸코는 죽기 두 달 전까지 일련의 강의를 했다. 콜레주드프랑스의 교육 체계상 푸코는 학생이 아니라 일반 청중에게 강연했다.

6. 정치적인 것의 재발견

1970년대는 정말로 격동의 시기였다. 푸코의 명성은 높아져만 갔고 그의 연구 방향도 다양해졌다. 그는 여행과 토론, 온갖 활동을 해나갔다. 푸코는 1975년 『감시와 처벌Surveiller et punir』을 출간했고,* 한 해 뒤에는 『성의 역사 1권: 지식의 의지La volonté de savoir』를 출간했다.**

우리는 이 시기의 혼란 속에서 감옥에 대한 푸코의 최초의 관심을 발견할 수 있다. 1971년 2월 푸코는 드페르의 제안으로 감옥정보그룹Groupe d'information sur les prisons의 창설을 선언했다. 감옥정보그룹의 주요 목적은 감옥에 대한 이론을 제시하는 것이 아니라 수감자들의 경험을 수집하고, 수감자들이 그들의 구체적 요구를 표현하고 생활환경을 설명할 수 있도록 그들에게 발언권을 주는 데 있었다. 감옥 문제에 관한 이런 감수성은 정치적 성격을 띤 수차례의 (특히 다니엘 드페르가 참여한 프롤레타리아 좌파의 금지와 관련된) 체포로 충분히 설명될 수 있다. 감옥정보그룹은 수감자의 일상이나 다름

---

* 한국어판은 『감시와 처벌』(번역 개정판), 오생근 옮김, 나남출판, 2016 참조.
** 한국어판은 『성의 역사 1권: 지식의 의지』(번역 개정판), 이규현 옮김, 나남출판, 2010 참조.

없는 온갖 자잘한 괴롭힘, 모욕, 금지를 고발하기 위한 조사를 진행했다. 오래지 않아 수감자들은 그들의 방에서 라디오와 신문을 접할 수 있는 권리를 갖게 되었고, 그것은 감옥정보그룹의 승리처럼 보였다. 그러나 정부는 이런 성공에 의심의 눈길을 보냈다. [때마침] 두 명의 수감자가 교도관 한 명과 간호사 한 명을 인질로 잡고 공황 상태에서 이들을 죽였다(1971년 9월의 뷔페Buffet와 봉탕Bontemps 사건). 1971-1972년 겨울 동안 (낭시와 툴의) 감옥에서 수많은 폭동이 일어났다. 사람들은 감옥정보그룹이 이런 위험한 소란의 배후에 있다고 비난했다. 푸코는 중앙 형무소의 한 정신과의사(에디트 로즈Édith Rose 박사)가 수감자의 고문에 관해 작성한 충격적인 보고서를 읽고 나서 미국의 애티카 교도소를 방문하기도 했다. 곧이어 감옥정보그룹은 수감자들이 표현의 구조를 완전히 통제할 수 있도록 자발적 해산을 결정했다. 푸코의 정치적 개입은 인종주의에 대한 반대로 나아갔다. 1971년 10월 27일, 젤랄리 벤 알리Djellali Ben Ali가 파리의 구트 도르에서 건물 관리인에 의해 살해되었고, 이것은 즉각적인 봉기로 이어졌다. 푸코는 이런 살인을 비판했고 주네, 사르트르와 함께 시위에 참가했다. 그는 그중에서도 클로드 모리악Claude Mauriac과 함께 젤랄리 위원회를 이끌었다. 1972년 12월 16일 이주 노동자 모하메드 디아브Mohammed Diab가 베르사유 경찰서에서 살해되었다. 주네, 모리악 그리고 푸코는 자신들이 조직한 시위에서 공권력의 공격을 받고 체포되었다. 그들은 그날 밤 얼마간 구치소에 있었다. 하지만 더 넓게 보아 푸코의 개입은 정부가 안전을 명목으로 행하는 온갖 부정과 경찰이 즉시 지워버리는 모든 과오에 초점을 맞추었다. 공권력은 알랭 조베르Alain Jaubert 기자를 살해했고(1971년 5월) 뒤이어 크리스티앙 리스Christian Riss를 살해했다(1971년 8월). 르노 자동차의 야간 경비는 마오주의 활동가 피에르 오베르네Pierre Overney를 살해했고(1972년 2월), 클라우스 크루아상Klaus Croissant은 의심스러운 상황에서 외국에서 프랑스로 인도된 뒤 수감되었다(1977년 11월). 뱅센의 아일랜드인들은 불법체포를 당했다(1982년 8월). 푸코는 이 모든 사건에 관심을 가졌다. 그는 『누벨 옵세르바퇴르』와 『리베라시옹』의 지면을 빌려, 지칠 줄 모르는 꾸준함으로 경찰과 국가의 권력 남용을 고발했다. 푸코는 낙태를 찬성하는 팸플릿의 편집에 참여했고(1973년 10월) 사형제도를 여러 차례 반대하기도 했다. 또한 푸코는 새로운 좌파를 찾으려 했다. 1971년부터 인민재판소의 설치를 지지하는 "마오주의" 입장과 거리를 둔 후로 푸코는 『누벨 옵세르바퇴르』가 조직한 두 번째 좌파 포럼에 참석했고(1977년 9월), 베를린에서 대안 좌파를 위한 "튀닉스Tunix" 회합에 참여했다(1978년 3월). 그리고 푸코는 에드몽 메르Edmond Maire와 노동조합의 전략에 관한 일련의 토론을 시작했다. 그러나 푸코는 프랑스 정치에 대한 비판과 분석에 자신의 활동을 한정하지 않았다. 1975년 9월 그는 마드리드의 토르 호텔에서 기자회견을 개최하고 (장 다니엘Jean Daniel, 클로드 모리악, 코스타-가브라스Costa-Gavras, 장 라쿠튀르Jean Lacouture, R. P. 로두즈Laudouze, 이브 몽탕Yves Montand과 함께) 프랑코 정권의 사형 선언에 반대하는 성명서를 낭독했다. 1979년 여름 그는 보트피플에 관한 기자회견을 조직했고(1978년 11월부터 푸코는 "베트남을 위한 배를!"이라는 호소를 지지했다), 보트피플 보호를 위한 국제위원회의 베르나르 쿠슈너Bernard Kouchner, 이브 몽탕과 함께했다(끝으로 1971년 8월 감옥에서 암살된 조지 잭슨George Jackson 사건을 규탄했다는 점도 지적하자). 1981년 12월 푸코는 사회당 정부가 폴란드의 전쟁 상태를 묵과하기로 했을 때 프랑스민주노동총동맹CFDT이 조직한 폴란드지지위원회에 관여했다. 또한 그는 많은 성명서에 이름을 올렸다. 예를 들어 푸코는 레닌그라드 정신병원에 구금된 베니아민 보리소프Veniamin Borisov의 석방을 위해서 서명했고(1977년 2월), 이탈리아 "자율주의" 노동자의 탄압에 반대하는 성명서에 서명했다(1977년 7월). 그러나 푸코가 해외에서 한 가장 중요한 정치적 경험은 아마도 1978년 가을에 방문한 이란에서의 경험일 것이다. 그는 이란혁명과

샤Chah[국왕] 체제의 전복이 일어나려 하던 시기에 기자 신분으로 이란을 방문했다(푸코의 기사는 [이탈리아 신문] 『코리에레 델라 세라Corriere della sera』가 만든 새로운 형식, "생각의 르포르타주"의 일환이었다). 그는 이슬람의 정신적 가치를 내걸고 권위적인 공안 체제의 억압에 맞서는 민중 봉기의 메커니즘에 관해서 열성적으로 연구했다. 하지만 곧바로 사람들은 그의 열정적인 분석을 아야톨라Ayatollah[즉 호메이니]에 대한 맹목적 지지로 받아들였다.

7. 경험으로서의 국외 생활

푸코는 주기적으로 해외에 초청되어 강의를 했다. 그는 브라질, 일본, 캐나다, 미국(주로 버클리)을 방문했다. 하지만 이는 단순한 여행이 아니었다. 푸코와 외국 사이에는 독특한 관계가 존재했다. 무엇보다도 푸코는 언제나 외국에 정착할 계획을 가지고 있었다. 푸코가 계속해서 프랑스에서 가르친 이유는 아마도 다니엘 드페르 곁에 남아 있기 위해서였던 것 같다. 따라서 그는 매번 자신의 여행을 구원적 해방과 총체적 경험으로 체험했다. 그는 방문한 국가의 정치적 또는 문화적 쟁점에 언제나 깊이 빠져들었다. 그는 그곳에서 강의를 하는 데만 만족하지 않고 현지인의 태도를 보였다. 즉 브라질에서는 민주화운동을 지지했고, 일본에서는 서구적 합리성의 한계를 경험했으며, 캘리포니아에서는 그가 주체화 실천을 문제화하도록 이끈 다양한 (채식주의자, 동성애자 등의) 공동체와 반문화 조직을 발견했다. [마지막으로] 그는 고대 그리스 문화를 다룬 『성의 역사』 2권과 3권의 집필을 마쳤다.

　말년의 몇 해는 후퇴와 단절의 의지로 점철된 듯하다. 푸코는 자신의 성공이 연구에 대한 온전한 몰입을 방해한다는 사실을 깨달았다. 동시에 그는 도서관이라는 폐쇄된 공간에서 글 쓰는 작업을 그만둘 생각을 품기도 했다. 그것은 문서고에서 익명의 망각된 목소리를 발굴하는 지난한 작업을 포기하는 것이었다. 그는 콜레주드프랑스 교수직을 그만두고 미국에 완전히 정착할 생각을 하기도 했다.

　푸코는 1984년 6월 25일 에이즈로 생을 마감했다.

1장 인간과학의 고고학

1. 광기와 죽음

우리는 청년기 푸코의 지적 형성 과정에서 세 가지 큰 축을 발견할 수 있다. 가장 먼저 철학이라는 축이 존재한다. 이 축은 오랜 시간 푸코의 학문적 정체성을 구성했다. 그러나 철학이라는 분과 학문에 진입하기 전에, 푸코는 이미 오랫동안 역사학에 강한 애착을 드러냈다. 그러나 결국 푸코는 인간과학 전문가, 더 정확히는 심리학 전문가로 최초의 명성을 얻었다. 이러한 다양한 지적 형성 과정에서 언젠가 인간에 대한 과학[인간과학]의 철학적 역사를 쓴다는 기획이 출현할 수밖에 없었다.

1) 광기의 역사[1]

(1) 상상적 주제로서의 광기

『광기의 역사』는 나병[한센병]이 사라지는 시기인 중세 말에서부터 시작한다. [지금] 유일하게 남아 있는 것은 [나병이라는] 악을 가두었던 광대한 황무지이다. 여전히 공포가 감도는 이 거대한 빈 땅에서 아득한 과거부터 하나의 실천이 행해졌다. 그것은 바로 치료를 위한 격리이다. 하지만 버려진 나병환자 수용소라는, 여전히 격리의 의미를 지니고 있는 그 최초의 이름 때문에 그것은 광기의 머나먼 미래를 가리키는 것에 불과하다(pp. 13-16). 르네상스 시기에는 광기가 숨겨야 할 것이 아니라 우리 주변에서 배회하는 것이었다. 광기의 탁월한 상징적 장소는 바보 배la Nef des Fous로(실제를 반영하는 문학적이고 회화적인 창작물),* 그곳에서 광인들은 [비광인과 다를 바 없는 평범한] 승선객으로 자신을 상상할 수 있었다(pp. 18-24).[2] 하지만 이러한 광인이라는 떠돌아다니는 존재는 단순히 흥미로운 관용의 지표가 아니다. 광기는 두려

---

1 Michel Foucault, *Histoire de la folie à l'âge classique*, Gallimard, «Tel», 1972.

* 한국어판은 제바스티안 브란트 지음, 『바보배』, 노성두 옮김, 인다출판사, 2016 참조.

2 도시의 행정관료들은 도시에서 떠돌아다니는 광인들을 치워버리기 위해 그들을 뱃사람에게 맡겨버렸다.

움을 불러일으키고 심지어 중세 시대 죽음의 형상이 고취했던 공포의 모든 의미를 되살려낸다. 푸코는 보슈Bosch나 브뤼헐Brueghel의 그림에 나타나는 광기의 끈질긴 존재를 통해 광기가 가진 불안의 힘을 헤아린다. 실제로 광기가 되살아나는 경험이 심오하게 전개되는 것은 '이미지' 속에서이다. 따라서 우리는 그림을 통해서 광기가 무엇을 표상했는지 이해할 수 있다. 그것은 세계의 황혼이 불러일으키는 불안, 세계 뒤편의 끔찍한 무언가가 침입할 것이라는 위협이다. 광인의 망상에서 카오스("자연의 거대한 안식", p. 32)가 예고된다. 요컨대 광기는 상상에 사로잡혀 있는 것이다. 즉 광인은 악몽 같은 다른 어딘가에서 닥쳐올 침입과 임박한 위험을 예고하는 자이다. 르네상스는 광기에 대한 우주적 경험을 하지만, 곧이어 그것은 고야Goya의 데생과 반 고흐Van Gogh의 그림에서 폭발하기 전까지 오랜 시간 동안 은폐된다(pp. 27-33).

그러나 광기의 이러한 비극적 경험의 강렬함은 르네상스 이후로 광기의 또 다른 존재 방식에 의해 억압되는 것 같다. 즉 광기가 '문학'에서 취하는 존재 방식이다(거기에서 광기는 이미지가 아니라 언어와 관련된다). 따라서 『우신예찬』을 쓴 에라스무스의 인본주의에서, 혹은 몽테뉴의 회의적 사유에서 광기는 더 이상 환상적 변형을 꿈꾸는 세계와의 관계에서가 아니라 이성과의 관계로부터 등장한다. 그래서 광기는 인간이 자기 자신과 겪는 갈등의 관점에서만 수용된다. 지혜의 가르침은 바로 거기에 있다. 즉 좁쌀만 한 광기마저 없다면 합리적 이성 또한 존재할 수 없다. 확실히 이성의 작용(비판적 경험) 속에서 광기의 현존이 인정됨으로써 정신이상자in-sensé는 그의 상상적 명성을 대부분 상실했지만, 광기는 여전히 이성과의 지속적인 다툼에 휘말려 있다(pp. 33-47).

『성찰』에서 데카르트가 (매우 확고한 원초적 진리를 만날 수 있다는 희망 속에서) 근본적 회의라는 합리성의 기획에 착수하여 광기의 가능성을 배제한 바로 그날 고전주의적 '이성'은 광기와 자신의 운명을 공유하기를 거부한 것이다. 광기가 이전과 다른 시대, 다른 경험 속에 있다는 징표는 광인들을 더 이상 배에 태우는 것이 아니라 감금한다는 사실에서 발견할 수 있다(pp. 56-59).[1]

(2) 감금된 광기

푸코는 1656년 구빈원Hôpital général의 설립 법령에서 "광기의 고전주의적 경험에서 가장 뚜렷한 구조"를 보고자 한

---

1 푸코는 데카르트의 언급, "이 광인들은 도대체 무엇인가!"와 '정신착란[비이성]'에 빠진 사람들을 구빈원에 감금시키는 것을 직접적으로 연결시킨다. 자크 데리다Jacques Derrida는 이러한 시도의 문제를 지적한다(「코기토와 광기의 역사Cogito et histoire de la folie」 참조, *L'écriture et la différence*, Paris, Seuil, 1967, pp. 51-97에 재수록).

다(p. 59). 푸코에게 17세기는 수감의 공간이 발명된 시기였다. 모든 방랑자, 실업자, 한량, 걸인, 빈민, 떠돌이 광인이 감금된다(파리 전체 인구의 1%). 푸코는 전적으로 행정 당국의 재량에 따른 이 새로운 실천을 그것이 전제하는 감각sensibilité의 층위에서 검토한다(「대감금」 장章). 수감에 대한 요구는 우선 '빈곤'의 의미가 변화했다는 뜻이다. 빈곤은 더이상 성자에게 존재의 의미를 부여하는 경험(그리스도교적 인물의 가난)이 아니라 사회적 통제[관리]의 문제로 등장한다. 게다가 소외된 인구의 감금은 실업과 그것이 제기할 수있는 사회적 위험을 인위적으로 흡수하려는 의지를 표현한다. 그러나 수감의 장소는 또한 강제 노동의 장소이기도 했다. 사람들은 강제 노동이 감금된 자들의 도덕성을 개선하리라 기대했다. 결국 이러한 거대한 수용소는 감금된 자들을 "도덕적 명령이라는 감옥" 안에서 '선'이라는 법칙에 강제로 복종시키는 부르주아지의 유토피아를 실현했다(p. 89). 여기에서 광기는 빈곤과 소외라는 거대한 문제를 다루는 실천의 일부가 된다. 광기는 더 이상 상상적 초월로 간주되지 않는다. 광기는 공공질서의 문제가 된 것이다.

이 음침한 복도에서 우리는 떠돌이와 비참한 사람 말고도 낭비벽이 있는 사람, 신성모독자, 자유사상가, 난봉꾼을 곧 발견하게 될 것이다(「교정의 세계」 장). 푸코는 이 모든 감금된 인구(이들의 형상은 우리가 볼 때 정말로 다양하다. 현대적 감각으로 판단할 때 실업자, 자유사상가, 걸인과 마법사, 남색가와 빈곤한 사람 사이에 도대체 무슨 공통점이 있는가?)에서 하나의 정합적 세계, 즉 '비이성'이라는 세계를 식별한다.[1] 그것은 무질서한 행동의 영역이며 가족·종교의 가치만이 아니라 부르주아 도시의 가치에서도 벗어난다. 고전주의적 인식에 이 세계는 너무나도 단일한 것이어서 결국 광범위한 감금 실천의 단조로운 통일성 안에 자신 또한 갇혀버리게 된다. 그리고 이 모든 "말썽꾼" 중에는 정신이상자도 있다. (그때까지는 단순히 상상적 변주의 한 테마에 불과했던) 광기는 감금되어 침묵을 강요당하던 "정상이 아닌" 인물들과 막연한 관계를 맺기 시작하고, 조금씩 정신이상이라는 일관된 정체성을 취하면서 그 이후로 계속해서 우리에게 말을 걸고 있는 것이다. 오랫동안 신성한 것에 대한 침해로 간주되었고, 따라서 가혹하게 처벌받음과 동시에 은밀히 찬양되어온 중대한 위반들(남색, 신성모독 등)이 고전주의 시대에는 오직 도시와 가족의 도덕 질서를 침해하는 것으로만 간주된다. 그리고 '비이성'의 세계에 빠진 광인도 오직 도덕적 관점에서만 인지되기 시작한다. 즉

---

1 푸코는 17세기의 도덕의식이 자신의 가치들에 반하는 것으로 부정했던 것을 비이성이라고 한다. 이는 낙인찍힌 여러 "결함" 중 하나로서 우리가 오늘날 "정신병"이라고 가리키는 것이다.

광기는 스캔들을 일으키고, 공공질서를 교란하고, 가족의 수치이고, 비정상적인 섹슈얼리티와 관계하는 것이다. 정신병리학이 자연의 진리로 제시하게 될 죄의식, 가족 섹슈얼리티와 광기의 이 모든 거대한 종합은 광기가 우리 상상계의 우주적 악몽이기를 멈추고 우리의 타락한 도덕의식의 수치스러운 대상이 될 때 수감 시설의 벽 사이에서 서서히 이루어진다. 따라서 광기에 빠져들기 위해서는 아마도 막연하게 광기를 원했어야만 한다는 생각이 널리 퍼진다. 광인 스스로가 광기에 책임이 있다는 이러한 생각은 고전주의 시대에 광인의 야만성이라는 생각과 은밀하게 연결된다(「정신이상자들」장).

푸코에게 있어서 광기를 다루는 사회적 기획이 실천의 수준에서는 치료적 의미가 없다는 사실에 주목해야 한다. 즉 광인을 둘러싼 구체적 행위를 분석함으로써 우리는 광인이 고전주의 시대에는 기본적으로 도덕적, 사회적 두려움의 대상이 된다는 사실을 깨닫게 된다(광인은 문제를 일으키는 말썽꾼으로 인식된다). 광인을 감금하는 것은 광인을 치료하기 위한 수감의 전 단계가 아닌 것이다. 하지만 푸코 자신이 인정하듯이 구빈원과 같은 순수한 감금의 공간이 있던 시기에 치료 목적의 병원이 없었던 것은 아니다(「광기의 경험」장). 그렇기 때문에 파리시립병원이 광인을 위한 자리를 상당수 배정해놓았던 것이다. 그러나 우리는 이러한 의학적 인식에서 광기가 정신병이라는 이름의 진실로 점차적으로 인식된다고 섣불리 주장해서는 안 된다. 광기는 (아랍 문화의 영향하에 있을 뿐만 아니라) 교회법 내에 (그리고 이미 로마법 내에) 등재된 오래된 법률적 전통에 속해 있으며, 교회법에서는 오직 의사만이 개인의 광기 상태를 판단할 권한을 지닌다. 광기에 대한 이러한 오래된 법의학적 인식은 (이런저런 사람이 권리의 주체인지 아닌지를 결정하며) 고전주의 시대에는 개인이 도덕적 규범에 복종하는지 아닌지를 확인해주는 새로운 사회적 인식과 나란히 놓이게 된다.

(3) 망상으로서의 광기

이제까지 [『광기의 역사』 1부] 푸코는 감금이라는 광범위한 실천을 분석함으로써 광기에 대한 인식을 재검토하려고 했다. 이는 푸코로 하여금 광기를 도덕의식과 죄의식의 관점에서 이해할 수 있게 해주었다. 『광기의 역사』 2부에서 푸코는 광기를 하나의 본성으로 확립하려는 (의학 및 철학) 텍스트들을 연구하기 시작한다. 광기에 대한 이러한 이론적 이해는 광인을 둘러싼 일련의 사회적 행위와 나란히 존재한다. 고전주의 시대는 한편에서는 광인을 감금하고, 다른 한편에서는 광기의 본성을 연구한다. 그러나 이 두 경험 사이에 직접적

교류는 존재하지 않는다. 광기에 대한 텍스트들에 관한 이 두 번째 연구에서 푸코는 실천과 이론에서 공통적인 고전주의 시대 경험을 보다 깊은 층위에서 발굴하게 된다.

광기를 다루는 모든 고전주의 텍스트에서 놀라운 점은 텍스트들 자체의 모순적 성격과 절대적 모호함이다. 광기는 그 절대적 모호함 속에서 규정된다(「종들의 정원에서의 광인」, 「광기의 형상들」장). 이러한 무력함을 설명하기 위해서 우리는 편견에 사로잡힌 고전주의 이론가들이 광기의 진정한 존재를 오인했다고 주장할 수 있을 것이다. 그러나 푸코는 광기에 대한 설명의 무력함 속에서, 그리고 광기를 규정함에 있어서의 지속적인 주저함 속에서 회고적으로 가정된 무지의 부정적 효과 대신에 다른 것을 보려고 했다. 즉 이러한 절대적 모호함 속에서 광기에 대한 고전주의적 경험이 온전히 모습을 드러낸다는 것이다.

고전주의 의학이 광기를 설명하려고 하는 순간, 의학의 성찰적 운동은 이상한 혼란에 사로잡힌다. 광기의 원인은 다양하고 파악하기 어렵다. 이른바 "가까운" 원인은 뇌 손상에 집중되지만, "먼" 원인은 개인사의 사소한 사건에서 미세한 기후변화까지 모든 것을 포괄할 수 있다. 이러한 두 계열의 원인이 정념의 특이한 이상dérèglement을 함께 유발한다. 하지만 정념은 광기의 초기 표현 형태에 지나지 않는다. 그렇기 때문에 다소 강한 정념은 약한 광기 상태를 지시할 뿐이다. 오히려 고전주의 시대에는 망상의 발작 상태에서 광기의 비밀이 발견된다고 여겼다. 이에 대해서 푸코는 다음과 같은 사례를 제시한다(p. 251). 자신이 죽었다고 생각하는 사람은 진짜 광인이 아니다. 이것은 가장 건강한 사람의 꿈에서도 나타날 수 있는 잘못된 믿음일 뿐이다. 반면에 자신이 죽었다고 믿기 때문에 식사를 거부하는 사람은 자신의 행동을 뒷받침하려고 죽은 자는 먹지 않는다고 장황하게 설명한다. 그렇다, 이러한 사람이 진정한 광인이다. 광기를 규정하는 것은 따라서 언어의 구조이다. 실제로 광인은 이성적 추론raisonne을 하지만 공상chimères에 기반해서 한다. 광인은 명확한 형태의 언어를 사용하지만, 그것은 몽상의 비현실적 환영visions을 명백히 드러내기 위한 것이다. 언어의 밝은 구조는 가장 어두운 밤에 갑자기 나타난 이미지와 결합하고, 바로 이것이 고전주의 시대의 광기이다. 즉 "시각visions과 맹목aveuglement, 이미지와 판단, 환상fantasme과 언어, 수면과 각성, 낮과 밤을 결합하는 광기는 사실 아무것도 아니다n'est rien. 그러나 이 아무것도 아님은 역설적으로 일련의 기호, 말, 제스처 속에서 자신을 드러내고 갑자기 돌출한다." (p. 216) 르네상스 시기 전체가 다른 세계를 말하는 이 광기를 (우주적 경험으로서) 체험했다면, 고전주의 시대에 광기를 가져다주는 것은 (존재론적 경험으로서) '존재'의 무無néant, 즉 가시화된 순수한 부재(이는 맹목이다. 왜냐하면 아무것도 보지 않음을 보기 때문이다)이다. 고전주의 시대 사람들에게 광기가 단순히 '존재'의 확인된 무일 뿐이라면, 우리는 왜 광기를 규정하려는 모든 이론적 정의가 이 중심적 공백의 부름에 빨려 들어갈 수밖에 없는지 이해할 수 있다. 다시 말해 그것은 질병분류학적 분류의 끝없이 빙빙 도는 원무곡, 즉 모순적인 서술인 것이다. 만일 이론가들이 광기의 본성을 언제나 제대로 파악하지 못하는 것처럼 보인다면 그것은 그들이 광기가 무엇인지 충분히 알지 못해서가 아니라, 광기는 아무것도 아니라고 그들에게 되풀이하는 시대의 명령에 은밀히 응답하고 있어서다.

(4) 수용 시설에 갇힌 광기

그러나 이러한 광기의 존재론적 경험은 곧바로 은폐된다. 그래서 우리는 고전주의 시대 내내 '비이성'이 무엇을 의미할 수 있었는지 제대로 이해하지 못하게 된다.[1] 『광기의 역사』 3부에서 푸코는 18세기 후반에서 19세기 초반 사이에 광기

---

1   '비이성'의 (도덕적 의미에 이은) 두 번째 의미는 비어 있음, 즉 '이성'의 부재이다.

의 인간학적 경험으로의 전환을 가능하게 한 조건들을 분석한다. 즉 우리가 여전히 광기에 사로잡혀 있는 것으로 보이는 이 시대는 광기에서 [이성적] '존재'의 부재가 발하는 모호한 섬광을 보는 대신에 인간에게 고유한 능력들의 손상, 인간학적 진실의 소외를 보는 것이다.

18세기 이전에는 광인이 문제를 일으키는 자들 모두와 뒤섞여 있었고 본질적으로 도덕적인 인식의 대상이었으며 의학적 관심과는 완전히 동떨어져 있었다. 그러나 푸코는 18세기에 수감 시설이라는 요새 안에서 의사가 갑작스레 출현한 사실을 발견한다. 하지만 이것은 돌연 환자로 간주된 광인을 치료하기 위한 것이 아니었다. 즉 의사의 존재를 요구한 것은 전염병에 대한 공포(부패성 장독瘴毒이 곧 도시를 집어삼킬 것이라는 환상) 때문이었던 것이다(「대공포」 장). 따라서 역사적으로 광기와 의학계 사이의 첫 번째 접촉은 병을 치료해야 한다는 염려의 압박하에서가 아니라 급박한 공포 속에서 이루어진 것이었다. 즉 의사는 광인을 치료하기 위해서가 아니라 광인 이외의 다른 사람들을 보호하기 위해서 소환되었던 것이다. 이에 따라 광기는 자신의 오래된 상상적 위엄을 되찾았지만 무언가 변화가 일어났다. 즉 광기는 더 이상 다른 세계로부터 온 위험이 아니라 본능의 분출로, 다시 말해 인간 욕망의 무한함을 전제로 성과 죽음이 뒤섞인 것으로 상상되는 것이다. 사드 후작은 광기의 이러한 전도된 상상계를 가장 분명히 증언하는 인물이다. 사드의 『소돔의 120일』과 나란히 18세기 말의 인간학 문헌들도 한없이 인간적인 것으로 축소된 광기의 의미를 보여준다. 이러한 거대한 상상적 강박과 함께 광기에 대한 병적 공포가 자라나는데, 광기는 세련되게 다듬어짐으로써 자신의 진정한 본성을 상실한 문명의 이면으로 간주된다. 17세기 사람들이 광인에게서 죄스러운 동물성의 낙인을 보려고 했다면, 18세기 사람들은 인간을 그의 즉각적 진실로부터 추방한 역사의 결과를 광기 속으로 밀어 넣는다(pp. 392-400). 하지만 여기에는 상상적 주제와 이론적 내용만이 존재한다. 광인의 특수성은 감금의 공간 자체에서 나타나기 시작한다. 바로 그곳에서 광인은 지금까지는 '비이성'의 운명을 함께 공유해왔던 사람들, 즉 모든 방탕하고 비참한 사람들과 구별된다. 이러한 차이를 나타내는 표지는 "18세기 중엽에 문을 연 일련의 정신이상자 수용 시설"에서 발견된다(p. 404). 이러한 격리는 정치적 의미를 지닌다. 즉 사람들은 방탕한 아이들, 자유사상가들, 그리고 또 다른 감금된 자유로운 사상가들을 오직 전제군주적 질서의 희생자로만 보고자 한 것이다. '비이성'의 대통합은 해체된다. 우리는 더 이상 이들이 가련한 광인과 동일시되는 현실을 견디지 못한다. 광인의 존재는 다른 이들에게 지나친 굴

욕감을 안겨준다는 이유로 광인은 곧 분리된다. 반면에 비참한 자들에 대한 감금은 모든 경제적·사회적 논의에서 부조리한 조치로 간주된다(가난한 병자만이 공적 조치의 대상이 되어야 한다). 비참함의 세계, 그리고 도덕적 범죄의 세계에서 분리된 광인은 결국 18세기 말 기존의 세계에서 완전히 벗어나 새로운 인식의 대상이 된다. 프랑스대혁명이 발발하자 모든 자의적 감금 조치는 시대에 뒤떨어진 전제군주제의 상징이란 이유로 곧바로 폐지된다. 이러한 조치는 광인과는 무관하며, 광인에게는 특정한 공간이 마련된다. 이러한 제도 변화의 구조들이 바로 푸코가 연구한 대상이며, 푸코에 따르면 이러한 변화로부터 새로운 경험이 출현하게 된다(「자유의 선용善用」장). 달리 말해 감금의 공간이 점점 더 의료화되고, 과학적 시선의 객관적 범주들이 광기를 규정하며, 광기와 범죄는 책임성이라는 문제의 관점에서 새로운 형태로 결합한다. 푸코는 1790년대의 의학 및 정치 텍스트들을 끈질기게 분석하여 다음과 같은 독특한 결론, 즉 비록 피넬Pinel이 광인을 이전의 속박에서 해방시킨 바로 그때 정신의학이 탄생했다고 주장할지라도 프랑스대혁명은 광기를 해방시키지 않았다는 결론을 도출한다. 오히려 프랑스대혁명은 광기를 의료화했다. 이는 프랑스대혁명이 광기를 의학적인, 즉 일의적인 정의 속에 가둠으로써 광기가 오직 '타자(의사)'의 객관화하는 시선에서만 진실을 찾게 되었음을 의미한다. 푸코에 따르면 어느 날 갑자기 계시적으로 박애주의적 정신의학자들이 광기가 하나의 질병이란 진실을 발견한 것이 아니다. 광기는 자신의 자유, 더러운 감옥으로부터 벗어날 자유를 획득한 것이 아니라 오히려 자신을 위해 마련된 공간에서 치료받을 자유를 획득하게 되었던 것이다. 푸코에 따르면 19세기 이후 광기의 역사 전체는 광기를 중심으로 하는 포획 장치의 재정비로 이해되어야 한다. 다시 말해 광기는 그것에 부여된 의학적 정체성에 단번에 고정되어 언제나 수감되어 있으며 단지 그 의미sens만 변했을 뿐이다(우리는 더 이상 교정하기 위해 감금하는 것이 아니라 치료하기 위해 감금한다). 푸코는 객관화의 구조 내에서 발생하는 이러한 광기의 소외를 19세기 초반의 치료 담론에서 찾아낸다. 최초의 수용 시설에서 행해지는 모든 "치료" 작업(푸코가 「수용 시설의 탄생」 장에서 분석하듯이 이른바 정념에 대한 "도덕적" 치료)은 푸코가 보기에 죄의식 형성culpabilisation과 다르지 않다. '위협', '모욕', '심판', '감시'의 다양한 기술이 죄의식을 형성하기 위해 활용된다. 광인이 더 이상 망상적 행동을 하지 않도록 우리는 (그러한 행동이 나타날 때) 광인에게 내적 고통을 유발함으로써 광인이 망상적 행동을 포기하게 만든다. 고전주의 시대가 감금이라는 외적 경계를 통해서 광기와 이성의 분리를 확립했다면, 근대의 심리학 기술은 광기와 이성의 분리를 광인과 그 자신 사이의 내적 거리로 다시 전환하려고 한다. 광인은 더 이상 도시의 가장자리로 내쫓긴 배제된 자가 아니라, 자신의 존재에 죄의식을 느껴 그 자신으로부터 소외되는 존재이다. 결국 광인은 자신의 광기를 과오로 느껴야 하는 것이다.

(5) 심리학의 탄생

푸코의 위대한 논문[『광기의 역사』]의 마지막 페이지들은 아마도 그가 쓴 가장 아름다우면서도 또한 가장 난해한 부분에 속할 것이다. 19세기 광기의 운명을 소묘하면서 푸코는 자신이 결국 "심리학의 출현 그 자체를 가능케 했던 것의 역사"를 썼다는 점을 확인하게 된다(p. 548). 우리가 지금 이해해야 하는 것은 어떻게 심리학의 탄생은 광기의 근대적 경험이라는 이야기 내부에 기입되는가 하는 점이다. 우리는 광기의 근대적 경험을 인간학적이라 말할 것이다. 광기가 (르네상스 시대에서와 같이) 더 이상 우주적 차원에서 받아들여지지 않는다는 의미에서 광기는 더 이상 사라져버린 '이성'이 만든 움푹 팬 흔적(고전주의 시대)이 아니라 오히려 인간의 진실을 밝혀주는 계시자가 되는 것이다. 광기가 말하는 것은 인간능력의 파탄, 붕괴된 언어의 무질서, 손상된 행동(정상적으로 말하는 능력의 상실, 시간적, 공간적 의미의 기능장애 등)이다. 하지만 이것은 단지 광기가 인간의 얼굴을 획득했다는 것을 의미하는 것만은 아니다(이는 이미 『정신병과 심리학』에서 푸코가 제시했던 테제였고 또한 19세기의 모든 실증주의 정신의학의 테제이기도 했다). 우리는 다시 한번 한 걸음 더 나아가서 하나의 어려운 사고와 마주해야 한다. 푸코는 우리에게 광기에 대한 이러한 역사적 태도가 정확히 인간이 자기 자신을 진실로서 파악하도록, 자기 자신을 과학적 대상으로 간주하도록 해주었다고 말하려 한다. 광기에 대한 인간학적 경험으로부터 인간에 대한 과학[인간과학]이 성립되기 시작한 것이다.

인간에 대한 과학들은 항상 부정적 경험에 의거하여 성립된다. 언어학은 실어증에 대한 분석으로부터 형성되고, 기억 심리학은 건망증에 대한 연구로부터 구성되며, 사회학은 자살에 대한 검토로부터 성립된다. 이는 모든 인간과학이 인간적 진실의 상실을 명확히 보여주는 경험에 기반해서만 실증적positif 진실을 언표할 수 있다는 것과 같다. 『광기의 역사』의 결론에서 나타나는 이 이해하기 어렵고도 이상한 교훈은 심리학이 광기의 경험에 상대적으로 의존해온 역사를 보여주는 것이다. 그러므로 광기를 설명하고 광기의 궁극적 의미를 제시할 수 있는 것은 심리학이 아니라 오히려 광기의 근대적 경험이며, 그것이 심리학의 역사적 출현을 위한 조건이 된다. 하지만 이러한 의존관계를 밝혀내는 것은 즉시 다음과 같은 비판의 가치를 지닌다. 어떤 과학이 그 상대적 명료함을 모든 진실이 소실되는 광기의 어둠 속에서만 끌어낼 수 있다면 어떻게 그 과학이 인간에 대한 실증적 진실을 언표한다고 자처할 수 있겠는가? 그래서 모든 진실의 붕괴 경험으로부터만 그 궁극적 의미를 획득할 수 있는 이러한 인간에 관한 실증적 진실은 어떠한 가치를 가지는가?

2) 의학적 시선의 고고학

『광기의 역사』가 제기한 질문은 다음과 같은 것이었다. 언제부터 광기가 정신병이라는 의미를 지니기 시작했는가?『임상의학의 탄생』[1]은 또 다른 질문을 출발점으로 삼지만, 우리는 그 답변이 푸코의 위대한 첫 저작『광기의 역사』의 답변과 얼마나 가까운지를 살펴볼 것이다. 임상의학적 시선, 즉 병의 양상을 알아내기 위해 몸 전체를 주의 깊게 조사하는 의학적 눈길의 출현을 어떻게 이해할 것인가? 푸코는 처음 몇 줄에서부터 우리에게 다음과 같이 일러준다. "이 책에서 다루는 것은 공간, 언어 그리고 죽음이다. 다시 말해 시선을 다

1　*Naissance de la clinique*, PUF, 1963. 현재 (푸코가 1972년에 개정한 판본이) "카드리주Quadrige" 총서로 나와 있다.

루는 것이다."(p. v) 그러므로 어떻게 19세기의 의사가 환자의 몸에 던지는 시선인 이 새로운 임상의학적 시선이 공간으로부터, 언어의 작용으로부터, 죽은 몸에 대한 검사로부터, 즉 시체에 대한 연구로부터 형성되었는가?

임상의학적 시선의 출현을 단절의 차원에서 이해하기 위해 (「공간과 분류」 장) 푸코는 18세기에도 통용되었던 의학 검사의 구조를 파악하는 것에서부터 시작한다. 그러니까 "종들에 대한 의학"이 군림하면서 각각의 질병은 정돈된 거대한 표안에 세심하게 그 자리가 마련되어 있는 이상적인 하나의 실체로 구성되었다. 그러므로 환자는 순수하고 본질적인 질병이 자라나는 특수한 장소로 인식되었고, 그 질병의 일반적이고 자연스러운 진행 과정은 개인의 체질에 따라 바뀔 수 있었다. 질병의 자연스러운 본질을 변화시키는 또 다른 요소는 질병이 그 이상적인 정체성을 잃어버리고 마는 혼란의 공간으로서의 병원이었다.

프랑스대혁명은 사람들이 가장 큰 성과를 기대하는 자유에 대한 요구를 도처에서 외치면서 이 구조들을 완전히 뒤엎으려 한다. 그래서 사람들은 병원, 의사 동업조합, 의과대학을 없앤다(「자유로운 장場」 장). 하지만 새로운 원조 정책의 확립은 지체된다. 따라서 지체 없이 재앙 같은 결과를 초래하는 이러한 제도적 공백 속에서 서서히 새로운 공간, 즉 학습,

교육, 관찰 그리고 직접적인 의료 실천이 긴박하게 교차하는 장소로서의 새로운 병원이 조직된다. 교육적 담론과 직접적인 치료 개입이 만나는 지점에서 처음으로 의학적 진실이 출현한다(「병원의 교훈」장).

즉시 의학적 개념들로 번역해야만 하는, 질병의 스펙터클화라는 이러한 새로운 경험은 곧 그것이 표현되는 언어 구조의 관점에서 탐구된다(「기호와 사례」장). 더 이상 예전의 의학처럼 난해한 분류에 의존하지 않고 질병의 가시적인 스펙터클에 직접적으로 부합할 수 있는 언어를 찾아야 했다. 콩디야크Condillac의 문법은 문장 구조의 형태가 가시적인 것의 형태와 완벽하게 일치하는 그러한 문장 구조의 이상적 모델을 제시할 수 있었다. 게다가 라플라스Laplace의 계산은 환자를 한 계열의 분석 가능한 사례로 이해할 수 있게 했다. 모든 임상의학적 언어는 결국 완벽한 기술description이라는 신화적 요구에 종속된다(「보기, 알기」장). 의사의 수다스러운 눈은 병리적인 풍경의 윤곽을 훑어보는 동시에 담론 속에서 그 풍경의 윤곽에 말을 건다. 그러나 시선과 담론의 이러한 일치는 비샤Bichat의 병리해부학에서 마지막 변형을 겪어야 했다(「시체들을 열어봐라」장). 19세기의 새로운 임상의학이 발전시키는 것은 조직tissu에 대한 사유이다. 이때부터 병은 (항상 언어의 형태로 뒷받침되는) 표면에 던져지는 시선에 의해 파악되지 않는다. 병은 내적인 조직 손상과 엮이게 되며, 그렇기에 비가시적인 것이 된다(이로부터 촉각-촉진과 청각-청진기가 새로운 중요성을 획득하게 된다). 하지만 결국에는 시체의 해부와 그로 인해 드러나는 조직들에 대한 직접적 검사만이 병의 진실을 확인하게 해줄 것이다(「가시적인 비가시성」 장). 왜냐하면 비샤에게서 시체에 대한 분해는 질병에 대한 직접적spontanée 분석으로서의 역할을 수행하기 때문이다. 다시 말해 사체의 부패 과정이 해부학자의 주의 깊은 눈에 의학적 진실의 길을 그려주기 때문이다.

따라서 우리는, 마치 심리학이 동일한 순간에 광기의 경험에서 자신의 탄생 조건을 발견하듯이, 이번에는 어떻게 임상 의학적 시선이 죽음의 경험에서 자신의 탄생 조건을 파악하게 되는지를 이해하게 된다. 임상의학은 스스로를 개인에 대한 과학이라고 생각한다. 하지만 푸코는 비샤의 명령("시체들을 열어봐라!")과 함께 어떻게 인간의 진실에 대한 언표 행위가 죽음의 차가운 빛으로부터만 확립될 수 있었는지를 우리가 이해할 수 있도록 해준다. "개인에게 과학적 담론을 금지시켰던 아리스토텔레스의 오래된 법칙은 죽음이 언어 속에서 그자신의 개념을 위한 장소를 발견했을 때 끝이 났다."(p. 173) 이제『임상의학의 탄생』의 결론은『광기의 역사』의 결론과 공명할 수 있게 된다. "서양인은 그 자신의 눈에는 과학의 대상이 될 수 없었고, 자신의 언어 내에서는 파악되지 않았으며, 자기 자신에게서 스스로를 제거함으로써만 스스로를 확립했다. 즉 '비이성'의 경험으로부터 모든 심리학과 심리학의 가능성 자체가 생겨났고, 죽음이 의학적 사고에 통합됨으로써 개인에 대한 과학으로서의 의학이 탄생했다."(p. 199) 역사적으로 인간과학은 자신의 출현 조건을 인간이 자신의 죽음을 시험한 경험들 안에서 발견했다. 인간에 대한 과학의 실증적인 진실은 [역설적이게도 자신의] 붕괴의 지점들 위에 놓여 있는 것이다.

2. 문학적 경험

1) 작품의 부재

이러한 경험들 안에서 인간과학은 자신의 역사적 출현의 표면뿐 아니라 이론적 붕괴의 지점 또한 발견한다. 푸코는 흥미롭게도 글쓰기의 실천 안에서 이러한 경험의 모델을 찾아야 했는데, 그는 글쓰기의 실천을 "문학"을 구성하는 것으로서 숙고하고자 했다. 사르트르와 마찬가지로 푸코는 "문학이란 무엇인가?"라는 질문을 다시 제기한다. 그리고

1961년에서 1966년 사이에 집필한 일련의 논문(『말과 글Dits et écrits』[1] 1권에 실려 있다)을 통해서 이 질문에 답하려고 한다. 푸코에게 문학은 언어의 존재être de langage를 표상한다고 말할 수 있다. 그러나 이 언어의 존재는 개념을 통해서는 규정될 수 없는데, 그것은 이론적 대상이 아니기 때문이다. 언어의 존재는 오히려 경험의 살아 움직이는 움푹 팬 홈, 즉 글쓰기의 경험을 지시하는 것이다. 그렇기 때문에 푸코는 언어의 존재를 사유하기 위해 정확한 개념적 규정보다는 일련의 이미지에 의존하는 것이다. 첫 번째 이미지는 거울의 이미지다(pp. 254-255, 274-275). 즉 문학은 단어가 오직 단어만을 가리키고, 언어가 오직 언어만을 말하며 자기 증식pro-lifération 운동을 통해서만 뒷받침되는 애매하고 심오한 장소를 가리키는 것이다. 이것이 바로 문학의 무한함infini, 그 흐름의 무한정함indéfini이다. 푸코에게 문학은 중얼거림(pp. 255, 257, 299, 336), 즉 실타래trame[골자 또는 짜임]를 감는 것 말고는 그 무엇도 말하지 않는, 사물과 의미가 사라지는 순수한 언어적 고백이다. 하지만 그렇다고 해서 이러한 단어의 운

---

1   Gallimard, 1994, coll. 『말과 글』은 푸코의 논문, 서문, 대담을 모은 책이다. 본문의 모든 인용은 이 책에서 가져온 것이다[지은이가 인용한 판본은 4권짜리 구판이며, 현재는 2권짜리 신판이 나와 있다. 구판 전체는 페이지 수까지 웹상에서 쉽게 검색 가능하다. http://1libertaire.free.fr 참조].

동을 지속의 운동, 혹은 의식의 흐름과 혼동해서는 안 될 것이다. 문학은 시간과 관계 맺지 않는다(아마도 이것이 푸코에게서 문학과 단순한 이야기récit가 구분되는 지점일 것이다). 그 대신 문학은 거울이라는 은유가 이미 암시하듯이 공간과 관계 맺는다(p. 407). 글쓰기는 (적어도 사드와 말라르메Mallarmé 이후로) 귀환의 곡선 구조(『오디세이아』에서 율리시스는 기나긴 추방 이후 고향으로 돌아온다)를, 최초의 약속의 실현이라는 곡선 구조(소설의 예언적 형식)를, 기원과의 재회라는 곡선 구조(프루스트는 『잃어버린 시간을 찾아서』의 마지막 부분에서 글쓰기의 가능성을 발견한다)를 추적한다는 것을 의미하지 않는다. 현대의 글쓰기 실천에서 시간의 고리는 풀어진다. 글쓰기는 이제부터 [공간의] 거리를 산출하며(pp. 263-267, 273-276, 280-281), 바깥을 향해 열린다(pp. 521-526, 537-538). 하지만 글쓰기의 운동이 산출하는 공간은 텅 빈 공간이다. 즉 이것은 서로 마주 보고 있는 두 개의 거울 사이에서 조직된 상상의 공간이며, "나는 쓴다"[라는 행위]가 촉발한 구멍이다. 문학적 언어라는 무한히 홈 패인 이러한 공간 안에서 모든 것은 오직 허구일 뿐이고(pp. 280, 524) 사물들은 그곳에서 오직 자기 자신에 대한 시뮬라크르일 뿐이다(pp. 275, 326-337). 문학작품은 결국 모든 존재가 둘로 나뉘는 하나의 부피[한 권의 책]volume를 형성하게 된다(pp. 261, 309, 340). 왜냐하면 우리가 이미 언급했듯이 문학이란 언어가 자기 자신 안으로 침잠하는 것이고, 자기 자신을 무한히 참조하는 것이며, 언어를 말해야 한다는 자신의 소명에 대한 열망의 공백 내에 있는 것인데, 이러한 언어의 반복은 주석commentaire의 건조한 운동(이것은 무한한 재개의 운동을 통해 언어의 순수한 의미를 끊임없이 복원하려고 한다)이 아니라 이중체doubles의 생산으로 이해될 필요가 있기 때문이다.[1][*] 예를 들어 문장은 사물의 상태를 이 상태의 유령과 같은 언어적 이중체doublet로 전달하며, 심지어는 문장 스스로가 다른 문장의 멀리 울려 퍼지는 메아리로 나타날 뿐이다(바로 이것이 루셀의 방식이다). 문학적 언어는 순수한 의미라는 수수께끼 같은 단일성을 항상 반영하는 깊은 심층을 가진 언어가 아니라 표면들을 증식시키는multiplication 언어이다.[2] 문학에는 이중체들만이 존

---

1 주석에 관해서는 *Naissance de la clinique*, pp. XII-XIII; *Les mots et les choses*, pp. 55-56; *L'ordre du discours*, pp. 27-28을 보라.

* 여기에서 double은 이중, 이중체, 분신, 이중 의미 등으로 번역이 가능한데, 이에 대한 설명으로는 푸코의 『문학의 고고학』(허경 옮김, 인간사랑, 2015)의 옮긴이 서문(pp. 9-10) 참조.

2 그래서 푸코는 루셀의 텍스트를 열쇠가 있는 수수께끼로 간주하는 독해 방식에 반대한다. 루셀의 텍스트 이면에는 우리가 발견해야 할 그 무엇도 존재하지 않으며, 궁극적인 수수께끼는 즉시 읽을 수 있도록 주어져 있다. "루셀의 언어에 대한 모든 심층적 독해[루셀 텍스트의 이면 또는 심층에서 무언가를 발견하려는 독해]는 '비밀'을 객관적 진실의 측면에 위치시킨다. 하지만 루셀의 언어는 바로 그 언어가 의미하는

재한다. 그러나 이 문학에서는 [심층이 존재하지 않는] 어떠한 하나의 이중체로부터 유래한 것이 아니라면 그 무엇도 절대 이중체로 실존해 있을 수 없다. 일련의 이미지들 중 마지막 이미지는 살인과 위반이다. 문학은 소모와 소멸의 운동에 언어를 끌어들인다. 그것은 자기 이후의 모든 문학적 기획을 불가능하게 만들기 위해서 모든 것을 남김없이 말해버리는 것이거나, 작품을 쓰는 바로 그 순간에 작품을 부인해버리는 것이다. 죽음은 (우리가 죽지 않기 위해서 글을 쓴다는 의미에서) 문학의 단순한 구성적 장애물로 나타나기도 하지만, 그에 못지않게 글쓰기의 근대적 경험을 깊숙이 관통한다. 문학은 언어에 의해 살해되고(랭보Rimbaud는 아카데미 언어를 거부한다), 말해진 것에 불과하며(말라르메는 시적 언어를 통해 세계를 부정한다), 결국에는 글을 쓰는 주체 그 자체가 된다. 이것은 글쓰기를 통해 주체가 자기 자신을 실현하거나 재발견하는 경험이 아니라 자기 자신을 박탈당하는 경험을 한다는 뜻이다. 다시 말해 주체는 자신의 구성적 통일성을 경험하는 대신에 돌이킬 수 없을 정도로 분열된다. 바타유는 말들의 익명적 도취 속에서 주체를 폭파하고(p. 243), 블랑쇼는 순수한 무변화monotonie를 위해서 주체를 소멸시키고

것 말고는 아무것도 의미하지 않는다."(p. 210)

(p. 521), 아르토는 주체를 파열시키고 다수의 울부짖는 육체만을 남기며(p. 522), 클로소프스키의 소설에서는 주체가 끝없이 증식démultiplication한다(p. 377). 하지만 글쓰기라는 행위를 하는 주체의 이러한 소멸은 아마도 작품의 중심 자체에서의 더욱 내밀한 부재, 즉 작품 자체의 부재가 초래하는 간접적 결과일 뿐일 것이다. 푸코의 난해한 발언에 따르면 작품은 작품의 부재에 의해서 위협당하지만, 이러한 부재를 통해서 우리에게 도달한다. 근대의 문학적 글쓰기는 푸코가 볼 때 더 이상 신성한 말이나 과거의 글쓰기 전통을 자원으로 삼지 않는다. 근대의 문학적 글쓰기는 그것에 선행하면서 그것을 지탱하는 무[부재]rien에서 유래한다. 이것은 횔덜린이 신들의 우회라고 언급했던 것이고(p. 201), 라포르트가 대상 없는 순수한 기다림이라고 말했던 것이며(p, 265), 블랑쇼가 죽음의 세심한 공백이라고 지칭했던 것이다(p. 539). 쓰이는 것은 부재로부터 쓰인다. 다시 말해 작품은 작품의 부재에서 자원을 얻는다. 문학의 이러한 실현된 불가능성, 또는 언제나 이미 부인된 불가능성이 바로 푸코가 위반이라는 용어로 설명하려는 것이다(p. 236-238).

여기에서 알 수 있듯이 근대적 글쓰기의 존재 양식을 특징짓기 위해 푸코는 작품의 부재라는 개념을 끊임없이 사용한다. 그런데 그는 이 동일한 개념을 통해서 광기를 지칭하기도 한다.[1] 문학과 광기를 서로 만나게 하는 것은 푸코가 작품의 부재라는 기호 아래에서 파악하는 언어의 경험이다. 그것은 메시지뿐만 아니라 메시지의 해석 원리, 즉 읽기의 고유한 코드를 함께 전달하는 수직적 언어의 경험이다. 적어도 정신분석학이 경험한 것에 따르면 망상은 말들mots을 정렬하는데, 이 말들은 "자신의 언표 속에서 랑그 — 말들은 이 랑그 안에서 언표를 언표한다 — 를 언표한다." 반면에 근대 문학은 "조금씩 언어가 되어가는 중이며, 이 언어의 파롤은 파롤이 말하는 바와 동시에 그리고 동일한 운동 속에서 그 파롤을 파롤로서 해독할 수 있게 해주는 랑그를 언표한다." (p. 418) 이렇듯 언표를 언표의 고유한 해석 코드로 환원하는 것은 말의 교환과 순환 작용을 사라지게 만들고, 반면에 정신이상자의 망상과 문학적 글쓰기의 분산된 고독은 빛을 발한다.

---

1   광기를 작품의 부재로 규정하는 것에 대해서는 다음을 보라. *Histoire de la folie*, pp. 555-557; *Dits et écrits*, t. I, pp. 162-163, 412-421. 모리스 블랑쇼는 『무한한 대화L'entretien infini』(Gallimard, 1969)에서 이러한 규정을 그대로 이어받는다.

2) 레몽 루셀

그러므로 푸코의 모든 문학 관련 작업은 다음과 같은 주제의 성좌, 즉 거울, 거리, 공간, 공백, 죽음, 위반, 살인, 이중체, 표면, 광기, 소멸, 깨어 있음veille[불침번], 시뮬라크르, 부피[책], 기원의 부재, 주체의 분열 등을 묘사하는 일이다.[1] 이러한 주제 전체는 『레몽 루셀』이라는 교향곡을 쓰기 위해 한꺼번에 소환되고 체계적으로 조직된다.[2] 이 책은 (과도하게 겉멋을 부린다는 의미가 아니라) 찬란하게 빛을 발한다는 의미에서 바로크적 글쓰기를 자랑한다. 이 책에서 우리는 가장 먼저 죽음과 이중체라는 두 가지 주제의 결합을 발견한다. 루셀은 『나는 내 책 몇 권을 어떻게 썼는가Comment j'ai écrit certains de mes livres』라는 제목의 글을 남겼다. 거기에서 그는 자신의 글쓰기 방식 중 몇 가지를 설명하고 그가 죽기 전에 이 글을 출간하는 것을 금지했다. 그러나 푸코는 (「문턱과 열쇠」 장에서) 『나는 내 책 몇 권을 어떻게 썼는가』가 루셀의 저술들에 대한 확실한 깨달음을 안겨줄 결정적 계시를 선사하

---

1   우리는 여기에 간극lacune(pp. 242, 284), 미로(pp. 212, 253), 먼 곳(pp. 251, 525), 화살(pp. 280, 337) 등을 추가할 수 있다.

2   Michel Foucault, *Raymond Roussel*, Gallimard, 1963. 피에르 마슈레Pierre Macherey의 아름다운 서문이 들어 있는 "폴리오/에세Folio/Essai" 총서판을 현재 구해 볼 수 있다.

기는커녕 이 사후 저작의 첫 번째 효과는 루셀의 비밀들 전체를 곳곳에 흩뜨리고 루셀의 저술들에 대한 독해를 끝없는 불안에 휩싸이게 만드는 것이라고 말한다. 루셀의 사후에 출간된 이 책이 그의 작품 전체를 관통하는 "열쇠"가 될 수 없는 이유는 이 책이 작품의 이중체로서, 즉 계시의 원리가 아니라 작품의 증식의 원리로서 기능하기 때문이다. 결국 이 책이 창작의 비밀을 밝혀준다고 해도 그것은 그 자신의 것부터 시작해서 창작의 비밀을 그만큼 감추는 것이 아닐까? 이 책이 글쓰기의 비밀을 밝혀준다고 주장하는 바로 그 순간, 우리는 루셀의 작품을 독해하지 못하고 함정에 빠지는 것이 아닐까? 게다가 우리는 루셀 자신이 이 저작의 사후 출간을 요구했다는 사실을 기억해야 한다. 루셀이 자살하고, 그 이후 『나는 내 책 몇 권을 어떻게 썼는가』의 출간이 가능해진다. 이는 마치 저자의 죽음만이 작품의 투명성의 원리를 확정하는 것처럼 보인다. 또한 우리는 루셀의 죽음이 그의 작품에 (일종의 열쇠가 되는 장처럼 작품 속에 포함되어) 완결성을 부여하는 동시에 제거 불가능한 모호성을 도입한다고 말할 수 있을 것이다.

루셀에게 이중체와 죽음의 결합은 사후에 출간된 저술(『나는 내 책 몇 권을 어떻게 썼는가』)과 나머지 작품 전체의 관계의 수준에서만 나타나는 것이 아니다. 푸코는 이 결합을 루셀의 저술들 자체의 구성에서 파악하려고 한다. 그가 젊은 시절에 쓴 이야기를 보자(「당구대의 쿠션」장). 루셀은 그 이야기를 쓰면서 이야기의 첫 구절과 마지막 구절에 두 문장을 배치한다(예를 들어 "낡은 당구대의 쿠션 위에 놓인 [백색] 초크의 상품 설명 les lettres du blanc sur les bandes du vieux billard", "늙은 약탈자 무리에게 보내는 백인의 편지 les lettres du blanc sur les bandes du vieux pillard"). 이 두 문장에서 루셀은 단어들을 각각 다른 의미로 사용하고, 딱 한 단어에서 딱 한 글자만 바꾼다(그래서 첫 번째 문장은 당구대의 가장자리에 놓인 초크에 쓰인 기호들을 말해주며, 두 번째 문장은 약탈자 무리에 관한 어떤 백인의 편지에 관해서 말해준다). 여기에서 작동하는 것 [또는 놀이]은 결국 우리를 첫 번째 문장에서 마지막 문장으로 이끌 수 있는 하나의 이야기를 쓰는 것이다. 따라서 언어적 이중체 doublet를 분리하는 공백 속에서 글쓰기의 실천이 자신을 부피[한 권의 책]로 만드는 것이다. 하지만 이러한 방식은 루셀의 위대한 산문들에서는 보다 복잡해진다(『로쿠스 솔루스 Locus Solus』, 『아프리카의 인상들 Impressions d'Afrique』). 루셀은 계속해서 단어들을 이중적인 의미로 사용하지만, 더 이상 텍스트 속에서 그 단어들을 있는 그대로 읽게 하지 않는다(「운과 이성 Rime et raison」*

---

*   프랑스어에서 sans rime ni raison이라는 표현은 운율이 맞지 않아 글

장). 그는 단어들에서 의미의 인접성을 통해 복수의 다른 단어들을 추출해내고, 그 단어들은 허구fiction를 통해서 연결된다. 그렇지 않으면 루셀은 기성의 문장을 가져와서 요소들로 분해한 후 이야기를 통해 그 요소들을 결합시킨다. 따라서 "내 목재 담뱃갑 안에 좋은 담배가 있어j'ai du bon tabac dans ma tabatière"라는 문장이 "비취, 튜브, 파도, 오바드,* -으로, 외통장군, 등jade, tube, onde, aubade, en, mat, etc"으로 분해되어** 이야기에 활용된다. 이것은 마치 우리가 언어의 분해와 탈구에서 출발해야만 글을 쓸 수 있는 것과 같다. 모든 경이로운 구문(「여명, 광산, 크리스탈」 장에서 푸코가 연구한 언어 장치), 이 모든 놀라운 이야기, 루셀은 이것을 기상천외한 상상력이 아니라 다른 실타래trame에서 풀렸다 되감긴 단어들의 촘촘한 직조를 통해 길어 올린다. 우리는 푸코가 어떻게 여기에서 이중체와 죽음이라는 두 가지 주제를 결합할 수 있는지 이해하게 된다. 사실상 글쓰기의 경험 전체는 반복의 표지signe 아래 자리하는 것으로 보인다. 다시 말해 글쓰기는 언제나 이미 말한 것을 반복하는 일이다. 우리는 결코 기원

이 아름답지 않고 그만큼 어색하고 논리적이지 않다는 뜻을 지닌다.
* 누군가에 대한 존경의 뜻을 담아 그 사람의 집 앞에서 새벽 또는 아침에 음악을 연주하는 행동을 말하며, 그러한 음악의 장르 자체를 지칭하기도 한다.
** 프랑스어로 빠르게 읽으면 이 두 문장의 소리는 유사하다.

에서 말하지 않으며, '존재'의 최초 단어를 말하지도 않는다. 문학은 단어들로 닳아 해진 주름을 다려서 펼 뿐이다. 언어 이전에는 언어 자신 말고는 아무것도 없었다. 푸코에 따르면 이러한 닫힘(오히려 무한정한 토로이자 끝없는 말 삼킴repli으로서의 닫힘)은 동시에 죽음의 부피를 규정한다. 왜냐하면 문학적 글쓰기에서 언어는 자기 자신을 고갈하려 하기 때문이다. 왜냐하면 저자는 작품에 희생당한 자기 자신을 발견하기 때문이다. 왜냐하면 글쓰기의 매혹적인 인내를 통해 마침내 발견하게 되는 것은 죽음의 열린 공백에서만 기호들이 반복되고, 반사되고, 구부러지고, 둘로 나뉠 수 있다는 사실이기 때문이다. "언어에는 이러한 갑작스런 죽음의 공백이 언제나 존재한다. 이 공백에서 곧바로 별들이 탄생한다. 죽음과 탄생, 바로 이것이 시의 거리를 규정한다."(p. 62)[1]

---

1 그러나 몇 년 뒤 브리세J. P. Brisset의 망상적 글쓰기는 푸코에게 더 이상 부정적 존재의 산출로 보이지 않는다. 그 대신 그것은 전쟁 장면의 혼란스럽고 갑작스런 출현으로 보일 뿐이다(*Dits et écrits*, t. II, pp. 13-25).

3. 담론 분석

　푸코의『말과 사물』[1]은 성공을 거두지만, 그에 못지않은 수많은 오해를 불러온다. 보통 과학사 저작은 일반 대중의 관심을 끌지 못하는 것으로 알려져 있지만, 400년에 걸친 서양 사유를 추적하는 난해하고도 복잡한 이 과학사 저작은 출간된 지 얼마 지나지 않아 인문과학 분야 정상에 오르며 불과 몇 달 만에 초판이 모두 팔렸다. 이 저작이 이론적 감각을 추구하는 이들에게 호소력을 가질 수 있었던 이유는 마지막 몇 쪽에 들어 있는 예언적이고 시적인 선언, 즉 인간의 죽음이라는 선언 때문인 것 같다. 하지만 이 저작이 성공을 거둘 수 있었던 이유는 무엇보다도 그것이 촉발한 격렬한 논쟁 때문이다. 맑스주의자들, 실존주의자들 그리고 가톨릭교도들은 이러한 새로운 사유 형태에 대한 일치된 대립을 통해 그들 사이의 갈등을 넘어 갑작스런 합의의 영역을 발견한 것 같았다. 이는 푸코를 반인간주의anti-humanisme의 선구자까지는 아니더라도 최소한 반인간주의라는 결론을 가장 명확하게 끌어낸 인물로 만든, 사람들이 "구조주의"라고 비난하기

1　Michel Foucualt, *Les mots et les choses*, Gallimard, 1966. 현재는 ≪텔Tel≫ 총서에서 나온 판본을 시중에서 구할 수 있다.

시작했던 것에 맞서 형성된 객관적 공모였다. 하지만 비판과 오해라는 실타래를 풀기 전에 우리는 『말과 사물』의 이론적 내용에 대해 살펴보아야 한다.

1) 지식의 익명적 네트워크

『말과 사물』은 크게 두 부분의 논의로 구성된다. 첫 번째 부분에서는 16세기에서 18세기까지 서양 사유의 궤적을 추적하고, 두 번째 부분에서는 19세기 이후 서양 사유의 재구성이라는 문제를 다룬다. 결론에서는 이러한 새로운 이론적 장치dispositif théorique 아래 인간과학이 어떤 상황에 처해 있는지를 설명한다. 우리 문화에 대한 이러한 "고고학"에서 가장 중요한 논점은 무엇인가? 『말과 사물』의 서문에서 푸코는 "질서의 공간"(p. 13)을 규정하려는 시도에 관해서 언급한다. 고고학이란 지식savoirs의 기저에서 그 지식을 가능하게 하는 것, 또는 그 지식의 구성을 명령하는 은밀한 잎맥nervure[토대]을 산출하려는 기획이다. 다시 말해 지식의 구성에 대해 알려주는 지식의 어떠한 요소 — 물의 "원소"와 같은 뜻에서 — 가 존재한다. 그것은 지식의 대상에게는 규정된 존재 양식을, 지식의 주체에게는 정확한 위치의 양식을, 개념에는 질서 정연한 분배 양식을 부여한다. 대상, 주체, 개념을 구성하는 이들 규칙의 체계성이 바로 푸코가 "에피스테메épistémè"(pp. 13, 179)라고 부르는 것이고, 고고학은 이것을 대상으로 삼는다. 지식의 이러한 원초적 토대는 무엇보다도 역사적이다. 이것은 주어진 역사적 시간대와 겹쳐 있다. 푸코는 세 가지 에피스테메를 제시한다. 르네상스 시대, 고전주의 시대(17세기와 18세기), 그리고 (19세기부터 시작되는) 근대가 그것이다. 푸코는 각각의 시대에 대해서 지식의 이러한 규칙성 또는 은밀한 제약들을 조사하고, 지식의 대상과 관련된 세 가지 영역, 즉 언어, 생명, 부富에 관해서 체계적으로 탐구한다. 르네상스 시대에는 대상의 이론적 규정이 유사성ressemblance의 질서를 따르고, 고전주의 시대에는 재현représentation의 질서를 따르며, 근대에는 역사histoire의 질서를 따른다. 따라서 한 시대의 지식에 대해서 고고학이 규명하려고 하는 것은 다름이 아니라 가능성의 조건, 원초적 토대, 구성 규칙들의 체계, 질서의 공간이라는 이름들이 동시에 지시하는 하나의 요소이다.

이로부터 우리는 푸코의 고고학적 기획이 전통적인 지식의 역사와 충돌하고, 이러한 역사가 기반을 두고 있는 철학적 가정들과도 정면으로 대립한다는 사실을 알 수 있다. 전통적인 과학사는 통상 지식의 영역이 과학성을 정복하는 이야기로 나타난다. 예를 들어 전통적인 생물학사는 여러 시대에 걸쳐 이론가들이 생명에 관해 형성한 다양한 개념(그 시대의 선입관을 통해 만들어진 개념들)과, 재생산 과정 및 생명체 보존에 관한 과학적 지식을 점진적으로 이끌어낸 훌륭한 과학자(멘델, 다윈 등)의 위대한 발견을 제시한다. 이것이 몇 세기에 걸쳐 신학적 금지, 환상적 상상, 무지, 잘못된 관찰에 맞서 스스로를 정립한, 생명체에 관한 진실의 역사이다. 이런 식의 분석은 자연의 신비를 항상 더욱더 성공적으로 밝혀내는 과학적 합리성에 대한 점증적이고 지속적인 확신을 전제로 한다. 그러나 『말과 사물』에서 푸코는 17세기에 발전하는 생명체 분석을 이해하는 데 근대 생물학의 언표를 참조점으로 삼지 않는다. 근대 생물학의 언표를 통해서 고전주의 시대 언표의 적절성을 평가하기는 하지만, 그는 17세기 생명체에 관한 인식의 획득 과정과, 그와 동시대의 언어 및 부에 관한 분석을 체계적으로 비교하는 데 그친다. 검증된 지식의 과학적 진실에 관한 질문은 더 이상 제기되지 않는 대신, 일정한 시기에 이러한 지식을 구성한 규칙들에 관한 질문이 제기된다. 마치 그러한 지식이 합리화의 의식적 의지에 의해서가 아니라, 한 시대의 전체 지식을 규제하는 규칙들의 익명적인 체계에 의해서 지탱되는 것처럼 말이다. 여기에서 곧바로 알 수 있듯이 푸코는 지식의 역사를 설명하면서 이성의 지배적이고 자유로운 (최소한 자유를 쟁취하려고 하는) 확립affirmation의 계기들을 묘사하려고 하는 것이 아니라, 반대로 규칙의 자의적 체계에 사유가 완전히 종속된다는 사실을 보여주려 한다. 에피스테메가 행사하는 이러한 제약의 차원은 언어의 본성, 생명체의 기능, 부의 순환을 갑자기 다른 방식으로 사고하기 시작하게 만든 갑작스런 변화와 변형에 대한 묘사에 의해 더욱 가중된다. '이성'은 괴이한 딸꾹질hoquets에 사로잡힌다. 사유 체제의 불연속성은 진실의 연속성과 진보에 관한 모든 관념을 케케묵은 것으로 만든다. 따라서 '이성'에는 '시간'도 '역사'도 존재하지 않는다. 그 대신 무차별적으로 중첩된 사유의 지층들이 존재할 뿐이다. 고고학자는 그속에서 매번 지리학적 좌표를 복원해야만 한다. 이로써 전통적인 인식의 주체는 지식을 구성할 수 있는 기원적 권력을 빼앗긴다. 그리하여 사유는 곧바로 지식의 무도danse를 이끄는 수많은 익명의 무의식적1 담론 규칙에 종속되는 만큼 "형세"(p. 88), "배치"(pp. 76, 179), "체계"(p. 89)에도 종속된다.

---

1   에피스테메를 지식의 무의식으로 규정하는 것에 대해서는 *Dits et écrits*, t. II, p. 9 참조.

2) 인간의 죽음

그러므로 지식을 점진적으로 구성하는 권력 내에서 '이성' (또는 합리적 '주체')은 (계속된 진리의 역사 내내) 제약의 익명적 체계, 역사적 담론의 모체, 사유에 일정한 주름을 부여하는 규칙성에 의해 왜곡되어 있는 것으로 판명되었다. 보편적 합리성을 주장하는 이들은 여기서 스캔들이 될 만한 소재를 발견한다. 푸코가 화려한 문체로 전개하는 예언적 스타일의 페이지들에서 수수께끼처럼 서술된 인간의 죽음이라는 주제는 논쟁의 불씨를 당기게 되었다. 푸코가 인간의 죽음에 관하여 말할 때 그가 말하는 그 인간은 굉장히 최근에 등장했다는 점을 명확히 해야 한다("18세기 이전에 인간은 존재하지 않았다", p. 319). 실제로 여기에서 문제가 되는 것은 바로 형상으로서의 인간, 지식의 주름으로서의 인간이다. 푸코는『말과 사물』의 첫 장「시녀들Les suivantes」에서 벨라스케스의 〈시녀들〉이라는 그림에 대한 분석을 통해 고전주의적 지식에서는 인간이 부재한다는 점을 지적한다. 이 그림의 전체 구성(화가의 위치, 조신들의 시선, 빛의 윤곽)은 그림에 부재하는 한 인물(왕)을 중심으로 돌아간다(거울 속에 비친 왕의 흐릿한 모습으로 우리는 그의 존재를 겨우 짐작할 수 있을 뿐이다). 그림 전체는 재현의 주체의 부재 속에서 재현의 순수한 작용으로 환원

된다(이 주체는 벨라스케스의 그림 속에서 구성의 주요 원리라기보다는 오히려 불명확한 소실점으로 기능한다). 〈시녀들〉이라는 그림에서 재현의 단일한 내적 구성을 위해 이렇게 주체를 생략하는 것은 푸코가 봤을 때 지식에 관한 고전주의적 이론에서의 인간 부재를 회화적 버전으로 보여주는 것이다. 고전주의 시대에 지식은 의식적 인간성의 확립이 가능케 한 열림 속에서가 아니라, 재현의 고유하고 자동적인 운동으로부터 전개되는 것이다. 기껏해야 인간이라는 것은 지식을 구성하는 재현들의 배가 속에서 기능적 심급으로 존재할 뿐이다. 인간의 본성은, 인간이 르네상스 시대에 유사성의 주름들 내의 특수한 소용돌이였을 뿐이었듯이(pp. 38, 43), "인간 본성 자신에 대한 재현의 주름"일 뿐이다(p. 320). 그러므로 인간의 탄생이라는 표현으로 푸코가 지시하는 것은 근대의 지식이 인간의 형상과 동일선상에 자신을 위치시킨 그 순간 자체이다. 하지만 이를 조금 더 정확히 이해할 필요가 있다.

르네상스 시대에 모든 존재는 유사성에 의해 규정된 체계에 따라서 자신의 분신들과 은밀하게 소통한다.[1] 예를 들어 투구꽃은 눈과 친화적 관계에 있고 눈병을 고치는 데 도

---

1 푸코는 네 가지 유사성, 즉 적합, 모방, 유비, 친화성을 구분한다(pp. 32-40).

움을 준다(p. 41). 학자들은 사물들 사이에 형성된 이 은밀한 관계(풀잎은 별을 재현하고 식물은 동물을 모방한다 등)를 유사성의 다른 체계들을 통해 읽어낼 수 있다. 그래서 투구꽃의 씨앗은 "마치 눈이 눈꺼풀 안에 있듯이 하얀 껍질에 감싸여 있는 작은 구인 것이다."(p. 42) 그러므로 투구꽃과 눈 사이의 친화성sympathie은 유비analogie의 의미를 가진다. 그래서 사물의 내적 구성은 인식의 형태 — 이 인식의 형태를 통해 우리는 사물의 내적 구성을 이해한다 — 에 적합하다. 즉 유사성은 사물들 사이의 보편적 관계와 그 사물들에 대한 우리의 인식을 보증한다. 고전주의 시대에는[1] 모든 것이 재현일 뿐이라고 말할 수 있을 것이다. 재현의 존재는 곧 존재의 재현이다. 이 이중적 포함관계는 고전주의 시대의 기호의 본성을 정의한다. "기호는 두 가지 관념을 포함하는데, 하나는 재현하는 것에 관한 관념이고 다른 하나는 재현되는 것에 관한 관념이다."(*Logique de Port-Royal*, p. 78에서 재인용) 그러므로 모든 기호는 재현하는 존재와 재현된 존재를 동시에 제시한다. 그리고 모든 존재는 기호 내에서의 자신의 이중화를 통해 진실에 이른

---

1 푸코는 세르반테스의 희비극적 서사시에서 유사성의 쇠퇴를 확인할 수 있다고 말한다. 왜냐하면 돈키호테는 도처에서 유사성을 발견하지만 이 유사성 속에서 좌절을 겪기 때문이다. 이는 유사성이 진리의 산문이 아니라 망상의 길을 형성하기 때문이다(pp. 60-64).

다. 모든 지식은 재현의, 그리고 재현에 의한 지식이다. 재현의 재현으로서의, 그리고 재현에 관한 자생적 분석[1]으로서의 담론은 지식의 이러한 형세에서 결정적 특권을 발견한다(p. 322).

하지만 19세기에 사물들은 재현의 바깥에서 그들의 진실과 만난다(「재현의 한계」 장). 다시 말해 각각의 사물은 자신의 동일성을 역사성의 숨겨진 핵심, 즉 우리의 재현이 우리에게 그 표면만을 보여줄 뿐인 내적 과정의 어두컴컴한 두께와 연결한다. 각각의 생명체 뒤에서는 유기체적 과정 속에서 서로 얽혀 있는 생명의 길고 불규칙한 연쇄가 드러나고, 각각의 말 뒤에서는 퇴적된 의미의 무질서한 층위가 뚜렷이 나타나며, 각각의 교환 뒤에서는 낡은 제스처들이 드러난다. '생명', '노동', '언어'는 자신들의 가능성의 역사적 조건들, 모든 명확하고 뚜렷한 재현으로 환원되지 않는, 즉 파편적이고 감춰진 그 조건들을 해방시킬 것을 요구한다(「'생명', '노동', '언어'」 장). 고전주의적 담론의 투명성이 지워질 때 인간이 등장한다(「인간과 그 분신들」 장). 유한한 인간, 즉 유기체적 과정, 생산의 메커니즘, 언어적 변형의 체계가 결합되어 있는 인간인

---

1 그래서 자연사는 표tableaux라는 수단을 통해 가시적 구조들을 연구하고(pp. 137-176), 부에 대한 분석은 가치를 교환의 메커니즘 속에서 연구한다(pp. 177-224).

것이다. 인간의 유한함은 무엇보다도 살아 있고 말하고 일하는 존재에 관한 지식의 실증성으로부터 예고된다. 하지만 이 지식은 나의 유기체적 신체, 내가 사용하는 언어, 나의 역사적 사회성, [결국] 언표될 수 있는 나의 유한함의 열림으로부터 유래하는 것이다. 그러므로 유한함은 그 대상을 지식의 주체로 특징짓는다. 유한함은 원리이자 동시에 결과이며, 열림이자 동시에 진압점이기도 하다. 우리는 유한한 대상들에 대해서만 사유하지만, 이는 사유의 유한한 열림으로부터만 가능한 것이다. 예전에는 '세계의 유사성'이, 그리고 우리 시대에 좀 더 가깝게는 '기호의 재현'이 그랬듯, 이제 '인간의 유한성'이 지식의 주름, 즉 푸코가 지식의 인간학적 배치disposition anthropologique라고 이름 붙인 것을 구성한다(p. 353). 물론 사유의 장은 (초월론철학 쪽의) 구성적 유한성에 관한 사상가들과 (살아 있고 일하고 말하는 인간에 관한 실증적 지식 쪽의) 구성된 유한성에 관한 학자들로 곧 양분될 것이다. 하지만 푸코는 이것이 단지 애들 장난(현상학과 실증주의 간의 잘못된 논쟁)일 뿐이라고 말할 것이다. 모든 근대적 사유는 끊임없이 재개되는 이러한 반복 속에서, 그리고 진력나는 회피 작용을 통해 스스로를 드러내기도 하고 감추기도 하는 두 유한성 사이의 끝없이 깊어지는 간극 속에서 자신의 의미를 획득해나간다. 이제부터는 19세기에 소묘된 인간학적 장소 바깥으로 나가 다르게 사유할 수 있는 가능성이 인간의 임박한 죽음에 대한 예고를 통해서만 나타날 수 있다. 이것이 니체가 초인을 요청하면서 시도했던 것, 푸코가 문학적 경험을 근본적으로 (구성적 주체의 원리들뿐만 아니라 실증적 지식의 소여들로도 환원 불가능한) 비인간 적인 것으로 서술하면서 시험했던 것이다.

그렇지만 푸코에게 인간학적 장소 바깥으로의 이러한 탈출은 『말과 사물』에서 수행된 다음과 같은 작업으로 완수된 다는 점을 기억해야 한다. 즉 진보하는 이성의 확립과는 무관하게 지식을 질서 정연하게 설명하는 작업으로, 또한 더 이상 인식하는 의식에 관한 서사시를 노래하지 않고 주체 없는 문서고의 윤곽을 서술하는 데 그치는 담론들의 비인간적 역사로 말이다.[1]

3) 인간과학

하지만 푸코에게 있어서 여전히 인간에 대한 과학이 현재의

---

[1] 『지식의 고고학』의 첫 부분에서 푸코는 프랑스 과학사(바슐라르부터 캉길렘까지)와 신역사학(아날학파)이 과거의 자기 제시, 인간의 모험에 대한 연속적 이야기, 구성적 주체의 초월적 기능에 대한 확인과 같은 기존 역사학의 낡은 개념화로부터 탈출할 수 있게 해주는 개념의 작용(불연속성, 인식론적 단절, 시계열적 다양성 등)을 처음으로 도입했다는 점에서 이들의 기여를 인정한다.

지식의 장 내에서 특수한 위치를 차지한다는 점을 지적해
야 한다(「인간과학」 장).¹ 우리는 [한편으로] 유한성의 철학들
이 근본적인 것의 요소 내에서 구성적 유한성을 스스로 사유
하려는 시도를 해왔다는 점을 알고 있다. 다른 한편으로 일
하고 살아 있고 말하는 인간에 대한 실증적 지식은 사회적
교환, 생물학적 과정, 기호 체계를 실증적 체계화와 접근이
용이한 여러 경험적 요소로 취급하는 언어학, 경제학, 생리
학으로 확장되었다. 푸코에게 있어서 인간과학(사회학, 심리학
등)은 이 두 이론적 차원 사이에서 미결정된 상태로 이 두 차원
을 분리하는 공백의 자리에 위치하고 있다. 인간과학의 기획
은 사실상 경제학, 생리학, 언어학의 실증적 요소들을 이 요
소들을 지탱하고 생산하는 유한성("인간")과 연결 짓는 것이
다. 그리고 푸코에게서 이러한 기획은 오랜 재현의 차원에서
부터 시작되는 것이다. 예를 들어 심리학은 언어와 관련하
여 뇌 피질 중심부의 해부학적 구조를 연구하는 것이 아니
라, 세계와 타자의 재현들로부터 주체를 해방시키는 것으로
서의 뇌의 기능을 연구한다. 이와 마찬가지로 사회학은 교환
의 회로, 부의 분배의 메커니즘을 연구하는 것이 아니라, "개
인 또는 집단이 교환을 통해 그들의 상대방을 표상하는 방

---

1   "인간과학의 고고학"은 『말과 사물』의 부제이다.

식"을 연구하는 것이다(p. 364). 우리는 푸코에게 인간과학이 어떤 점에서 근본적으로 모호하고 불편한 기획인지를 이해하게 된다. 즉 인간과학은 부의 교환, 유기체의 기능, 기호 체계의 실증적 메커니즘들을 그것들이 어떻게 "인간"을 위해 그리고 "인간"에 의해 작용할 수 있는지를 보여주는 방식으로 재인식하려 시도한다는 점에서 모호하고 불편한 기획이다. 인간과학은 근본적인 철학적 유한성의 구조, 즉 모든 실증적 소여를 와해하고 모든 자연적 객관성을 일관성 없고 공허한 것으로 만드는 유한성의 구조를 향해 이 실증적 메커니즘들을 이동시킨다. 하지만 이러한 이동이 지니는 위험은 과학성이라는 주장으로 가려진 인간과학 내에 존재한다. 그리고 이러한 주장은 기이하게도 재현이라는 고전주의적인 (그리고 철 지난) 개념에 준거해 확립된다. 인간과학은 재현[표상]을 대상으로 삼는데, 이 재현으로부터 (독립적으로 구성된 과학들을 통해 그 자체로 분석된) 자연적인 결정 작용들이 (근본적인 것의 철학 속에서 그 자체로 연구된) 인간적 유한성 내에서 자신들의 가치를 지니기 시작한다. 그러므로 인간과학은 19세기가 짜놓은 거대한 이론적 그물망 속에서 어떠한 호기심으로, 조금은 괴상한 돌출물로, 위태로운 지적 평형 운동으로 나타나게 된다. 푸코가 설정하는 상황 안에서 인간과학은 본질적으로 불안정한 것이다.

4) 논쟁의 역사

인간의 죽음에 대한 선고, '이성'에 의해 정복된 진실이 끊임없이 진보한다는 원리가 더 이상 작동하지 않는 지식의 [새로운] 역사의 확립, 결국 인간과학의 공허함에 대한 비판, 이 모두는 광범위한 비난을 불러올 수밖에 없었다. 파리의 지식인들은 분노했고, 푸코는 일련의 인터뷰를 통해 이 분노의 불길을 더욱 키웠다. 우리는 푸코가 인류학[인간학], 의미 작용, 타협적 역사의 위대한 사제들(특히 "『현대지Les Temps Modernes』 세대", *Dits et écrits*, t. I, p. 514)[1]에 맞서서 (레비스트로스, 라캉, 러셀, 하이데거를 불확실한 논쟁에 끌어들이면서) "체계"의 정념, 그리고 우리를 가로지르면서 우리를 구성하는 이 "익명의 사유"에 관한 즐거운 과학(p. 515), 인간에 반하여 "동시대적인 분석적 이성"을 확립할 권리(p. 541)를 주장한다고 그의 입장을 정리할 수 있을 것이다. 사르트르는 하찮고 은밀하게 반동적이기까지 한 인간주의를 주창한, 오래전부터 너무 늙은 기수로 제시된다.[2] 사르트르는 낡은 감각 학파 출신

---

1   4항과 5항의 모든 인용은 몇몇 예외를 제외한다면 전부 이 책에서 가져온 것이다.

2   "내가 인간주의를 싫어하는 이유는 그것이 가장 반동적인 사유가 그 뒤로 숨는 방패막이가 되기 때문이다."(p. 517)

이다. 변증법이라는 주제에 대한 그의 가련한 애착과 자유로운 주체를 향한 그의 강박적인 열정은 그를 확실히 "19세기의 인간", "최후의 헤겔주의자, 그리고 … 최후의 맑스주의자"(p. 542)로 만든다. 구조주의자 대열의 선두에 던져진 자신을 발견한 게 아마도 너무 행복해서(그는 한순간도 자신을 구조주의자로 표방할 생각을 한 적이 없다. 사람들이 구조주의의 침전물, 즉 화학적 용해에 관해 이야기할 때의 그 침전물로 간주하는 거대한 주제들은 실제로는 오래된 니체적 기반, 그 위에서 새로운 역사가 쓰였던 그러한 니체적 기반이었다) 푸코는 부득이하게 "마음"의 미지근함에 대립되는 구조들의 엄밀함을 요청한다(p. 517). "서양 또는 동양의 체제들"의 거짓된 인간주의적 정당화와 위선을 막기 위해 "인간"이 존재하지 않음을 곳곳에서 선언하는 이러한 "정치적 작업"은 굉장히 모호할 것으로 예상된다(p. 516). 하지만 푸코가 (새로운 "반反변증법적" 사유의 끈질긴 노력 끝에 주어지는) "이론적 구조"(p. 542)라고 부르는 것과 구체적 투쟁을 억지로 연결하는 이러한 종합은 사람들을 당황하게 만든다. "이 모든 것이 우리와 무슨 상관이 있는가?"라는 질문에 대한 푸코의 다음과 같은 답변을 다시 읽어보아야 한다. 즉 "모든 시대에 사람들이 성찰하고, 쓰고, 판단하고, 말하는 (거리에서의 가장 일상적인 대화와 글에서까지도 나타나는) 방식과 심지어 사람들이 사물들을 경험하는 방식, 그들의 감각이 반응하는 방식, 다시 말해 그들의 모든 행동이 이론적 구조, 체계에 의해 인도된다."(p. 515) 그러므로 이 구조들은 역사적 지식의 무한정한 장 위에 세워진 이론적 좌표들이자 문서고의 먼지들에 관한 조금은 가혹한 구조화일 뿐만 아니라,[1] 세계의 존재 안에, 또는 더 정확히 말하자면 사람들의 머릿속에 각인되어 있는 것이다. 이는 더 이상 세상으로 나온 문서들의 체계가 아니라 현재의 삶에 관한 무의식이다. 구조에 대한 인식은 우리의 사고와 행동을 지배하는 것에 대한 지식이 된다. 이제 연구의 목표는 한 시대의 문서고의 기초가 되는 "지식"(p. 498)을 발견하는 것이 아니라 은밀하게 우리에게 작용하는 것에 대한 "진단"(pp. 580-581)을 형식화하는 것이다. 하지만 우리의 삶의 체계를 아는 것만으로 우리가 삶에서 해방될 수 있을 것인가? 에피스테메는 고고학자가 열심히 붙잡고 있는 기저의 구조, 무의식, 초월론적인 것 간의 혼란스러우면서도 위험한 결합이 된다.

푸코는 논쟁의 격렬함을 잠재우려는 어떠한 시도도 하지 않는다. 공산주의자들은 푸코가 역사적 과정의 실제 조건들을 부정함으로써 보수 세력에게 득이 되는 행동을 했다고 비

---

[1] 레몽 벨루르Raymond Bellour와의 첫 번째 인터뷰에서 푸코가 이 점을 확인해주었듯이 말이다(pp. 498-499).

난한다. 사르트르는 다음과 같이 말하면서 논쟁에 뛰어든다. "푸코는 우리에게 가장 중요한 것, 즉 어떻게 각각의 사유가 이 조건들로부터 구성되는지, 그리고 어떻게 인간이 한 사유에서 다른 사유로 이동하는지에 관해서는 말해주지 않는다. 이를 설명하기 위해서 푸코는 프락시스[실천]를, 즉 역사를 개입시켜야 하는데, 이는 정확히 그가 거부하는 것이다. … 푸코가 겨냥하는 것은 맑스주의다. 푸코에게 중요한 것은 새로운 이데올로기, 즉 부르주아지가 맑스에 대항할 수 있는 최후의 방어막을 구축하는 것이다."[1] 사람들은 『광기의 역사』에서는 버려진 나병원, 구빈원의 탄생, 프랑스대혁명에 의한 광인들의 이상한 "해방"으로 구획 지어지는 서양 '이성'에 관한 이야기를 쓰고 싶어 했던, 그리고 『임상의학의 탄생』에서는 인간에 대한 임상적 지식의 등장을 이해하기 위해 혁명의회의 회기 자료들을 자세히 조사했던 푸코를 실천의 차원을 무시한다고 비난하고 있는 것이다. 사람들은 심리학자들의 본질, 그리고 인간과 정신착란 사이의 관계를 자신의 연구 대상으로 삼았던 푸코에 대해 그가 역사를 놓쳤다고 비난하고 있는 것이다. 하지만 (부동의 이론적 구조와 인간의 구체적 역사 사이의 추상적인 대립으로 특징지어지는) 논쟁이

1 장폴 사르트르의 대답, *L'Arc*, n. 30, 1966.

일단 그 궤도에 오르자 고다르는 반혁명적이고 신자본주의 적인 구조주의의 추악한 선언서[즉『말과 사물』] 위에 토마토 비가 내리는 장면이 담긴 〈중국 여인〉이라는 영화를 촬영한 다. 곧이어 푸코는 자신의 생각을 좀 더 명확히 하기 위해 침묵을 고수하면서 사람들이 그에게 부과했고 또 한때 그 스스로 주장하기도 했던 구조주의라는 소속에 대해 의심하기 시작한다. 곧이어 조르주 캉길렘은 자신의 옛 제자를 구해내려 한다. 즉『말과 사물』에 관한 엄밀한 논평[1] 말미에 그는 개념의 사상가인 카바예스Cavaillès가 레지스탕스를 위해 죽었을 때 현재 인간의 자유와 전인성intégrité을 주장하는 이들이 카바예스와 같이 항상 역사의 즉각적 의미를 이해할 줄 알았던 것은 아니었고, 제때 구체적 행동을 실행할 줄 알았던 것은 아니었다는 점을 "실존주의라는 성모마리아의 자식들"에게 상기시키면서 푸코를 비난하는 자들에게 그들이 도대체 어떠한 권리로 이론적 입장과 정치적 투쟁을 대응시키는 표를 작성하느냐고 질문하는 것이다.

---

1   *Critique*, n. 242 (1967년 6월), pp. 599-618.

5) 담론의 실천

이제 푸코에게 남은 문제는 그가 제시한 악마적인 이론적 원리들의 정치적 결과에 관한 것이었다. 사람들은 푸코가 특히 실천의 차원을 무시하고, 지식의 담론 면들의 내적 조직만을 고려한다고 비난한다. 『지식의 고고학』[1]은 정확히 이러한 공격들에 대한 푸코의 응답, 즉 지식의 담론과 담론 외적 실천 사이의 절합articulation을 사고하려는 정치적 시도이다. 우리는 두 편의 논문[2]을 통해 역사학적 방법에 관한 논설인 『지식의 고고학』에 등장하는 거대한 개념들을 연구함으로써 이를 이해할 수 있다.

『에스프리Esprit』의 편집진은 푸코에게 여러 가지 질문을 던졌다. 푸코는 그중 다음과 같은 하나의 질문에 집중한다. "정신의 역사에 체계의 제약과 불연속성을 도입하는 사유는 진보적 정치 개입의 모든 토대를 빼앗아버리는 것은 아닌가? 이 사유는 다음과 같은 딜레마, 즉 체계를 받아들이거나, 아니면 이례적 사건 혹은 유일하게 체계를 동요시킬 수 있는 힘을 가진 외부 폭력의 난입에 의존하거나 하는 딜

---

[1]   Gallimard, 1969.
[2]   「질문에 대한 대답」과 「과학의 고고학에 관하여」(pp. 673-696, 696-731).

레마에 봉착하는 것은 아닌가?"(p. 673) 1968년 5월에 발표된 긴 논문에서 푸코가 정면으로 다루기로 결정한 질문이 바로 이것이다. 푸코는『말과 사물』의 정치적 쟁점 — 그러한 것이 존재한다면 — 을 다루어야 한다고 갑작스레 요구받은 것인데, 그는 이러한 질문에서 (푸코에게 이 질문은 결국『말과 사물』이라는 저작이 제기한 인식론적 문제들의 중요성에 비해서는 부차적인 것으로 보였을 수도 있었지만) "내가 착수한 기획의 핵심에 와 닿는 질문"을 발견한다(p. 694). 푸코는 용어를 수정하는 것에서부터 시작한다. 푸코에 따르면 우리가 그의 작업을 이해하기 위해서는 하나의 체계가 아니라 체계들의 다원성에 대해서, "정신"의 역사가 아니라 담론들의 역사에 대해서 말해야 한다. 이는 탁월한 용어 수정이기는 하지만 여전히 정치적 쟁점이라는 문제의 핵심은 건드리지 않는다. 푸코는『광기의 역사』이래로 그를 괴롭혀온 것을 설명하려고 시도하며, 또한 이전의 기획을 지시하기 위해 새로운 단어들, 특히 완전히 새로운 개념적 공격 계획, 즉 담론의 존재를 발견하려 노력한다. 푸코의 기획은 이론적 담론을 인간의 의식적 선택이 기입된 단순한 표면으로, 또는 원초적인 사회적 실천의 이데올로기적 표현(담론에서 폭로나 갱신의 효과 이외의 모든 고유한 효과를 박탈하면서 이를 단순한 언어적 번역, 정신적 활동이나 물질적 활동으로 환원하는 많은 방식)으로 간주하기를 거부하는 지식의 역사를 쓰는 것으로 발전된다. 푸코는 반대로 담론을 규칙(대상, 언표 행위, 개념의 형성 규칙들…)에 따라 배열되는 하나의 존재, 하나의 사건, 하나의 실천으로 사고하고 싶어 한다. 실천의 결합 요소 속에서 정치적 선택과 이론적 담론은 "영향력", "결정", "표현 단위"라는, 규칙적으로 소환되는 이러한 모호한obscurs 매개자들을 거치지 않고도 직접적으로 소통할 수 있다. 예를 들어 푸코는『임상의학의 탄생』에서 어떻게 프랑스대혁명이 의학적 담론에 제도 내의 새로운 대상들, 새로운 언표 행위의 조건들을 부여하면서 의학적 담론의 형성 규칙을 직접적으로 전복할 수 있었는지를 설명했다. 푸코에 따르면 이러한 전복이 바로 새로운 담론의 실천인 것이다. 푸코는 처음으로 자신의 작업을 담론의 "형성 규칙"에 관한 연구로 지시하고, 담론을 "실천"으로 명확히 규정한다. 그의 작업은 더 이상 과거의 근본적 경험에 대한 연구(『광기의 역사』) 혹은 지식의 익명적이고 원초적인 배치에 관한 연구(『말과 사물』)에서 멈추지 않는다. 그는 오히려 규칙적 실천pratiques réglées으로서의 지식의 담론에 내재된 형성 규칙들을 규정하는 데 집중한다.[1]

1   이를 통해 푸코는 초월론의 기획과 단절한다. 초월론적인 것은 사회적 실천의 작용으로 환원되지 않으며 엄격하게 자율적인 지식의 가능성의 조건들을 규정한다. 이러한 관점에서 지식과 사회적 실천을 내

하지만 에피스테메는『말과 사물』에서 사회적 실천과 관련
하여 엄격한 자율성을 표방했다.[1] 반면에『광기의 역사』와
『임상의학의 탄생』에서 푸코는 지식의 담론(정신의학과 의학)
의 변화를 설명하기 위해 사회사와 정치사를 소환했다. 그래
서 다음과 같은 질문이 불가피하게 등장하는 것이다. 지식은
사회적 실천에 의해 규정되는 것인가, 아니면 구조적 비非사
유의 조직에 의해 규정되는 것인가?『에스프리』지와 인식론
서클에 제시된 답변은 이 질문에 대한 열쇠를 제공해준다.
즉 담론과 관련해 문제는 그 형식적인 가능 조건들을 결정하
는 것도, 담론을 사회적 실천과 연결되는 이데올로기로 특징
짓는 것도 전혀 아니기 때문에 이는 잘못된 논쟁이라는 것이
다. 우리가 연구하는 것은 담론의 실천에 관한 형성 규칙이
다. 이 이론적 담론의 형성 규칙은 어떠한 논리적 선행성도
없는 지식의 내재성(이는 초월론적인 것이 아니다) 내에서 작

적으로 연결하는 것은 불가능하다. 하지만 초월론적인 것에 대한 이러
한 거부는 정통 역사유물론을 위한 것이 아니다(비록 이론적 담론이
"실천"으로 특징지어지기는 하지만). 지식과 정치의 상관관계는 일방향
적 인과성(사회적인 것에 의해 결정되는 지식⋯)으로 이해될 수 있는 것
이 아니다. 이 상관관계는 담론이 (정치적이고 사회적인) 다른 실천들의 한
가운데서 그 고유한 효과를 보존하고 있는 영역, 즉 실천의 규칙적 작
용jeu réglé에 관한 것이기 때문이다.
1 『말과 사물』에서 에피스테메는 수수께끼 같은 변형에 사로잡힌, 주
체 없는 초월론적인 것으로 묘사되곤 했다.

용하며, 사회적 실천과 직접적으로 절합된다(하지만 이 규칙은 이데올로기가 아니기 때문에 사회적 실천으로 절대 환원되지 않는다).

그러므로 푸코는 개념의 새로운 작용을 도입함으로써 정통 역사유물론에 빠지지 않으면서도 (『말과 사물』의 텍스트 자체가 가끔씩은 허용한)『말과 사물』에 관한 구조주의적 독해를 금지하려 시도하는 것이다. 푸코는 (후세에 엄청난 오해를 불러올 것이 자명한) 이러한 오독, 즉 그의 저작이 모든 프락시스[실천]에 무감각하며 담론의 형태를 결정하는 암묵적 질서의 독특한 제약 아래에 놓인 이론적 담론의 분열증적 자율성을 확립하려 한다는 오독을 막으려고 노력한다.『지식의 고고학』의 개념화 전체("형성 규칙", "담론의 실천"…)를 잘 정립하면서 이 두 개의 논문[즉「질문에 대한 대답」과「과학의 고고학에 관하여」]은 이 엄밀한 저서를 이해하는 데 필수적인 관점과 방향 — 담론을 다른 실천들 가운데서 규제된 특수한 실천으로 사고할 수 있게 해주는 분석 도구를 정교하게 제작하기, 그리고 초월론적인 것과 이데올로기적인 것 사이에서 절대적으로 자율적이지는 않지만 상대적으로 독립적인, 자신의 저항 자체에 있어서 역사적 실천에 의한 변형에 영향 받는perméable, 그러한 규제된 실천으로서의 지식의 담론을 기술하기 위한 제3의 길을 찾기 — 을 제시해준다.

그러므로 푸코는 문서고의 정치화라는 이례적인 작업을 통해서 역사적 프락시스에 대한 맹목적 무지와 비정치주의라는 비난으로부터 벗어난다. 이는 담론을 그 존재, 실천, 사건의 차원에서 사고하는 것이다. 하지만 이를 통해서도 푸코는 오해를 걷어내기보다는 오히려 증폭시킨다. 왜냐하면 푸코를 비판하는 이들은 이러한 문서고의 정치화를 사회적 실천과 담론적 차원을 결합하려는 시도로 이해하는 대신에, 담론 내에서 모든 실천을 제거하는 것으로 (마치 문서고 안에서만 모든 것이 진정으로 발생할 수 있는 것처럼) 이해하기 때문이다.

2장 권력과 통치성

1. 지식의 의지

1) 담론 제한의 과정

콜레주드프랑스 교수로 임명된 이후 푸코는『지식의 고고학』의 주요 이론적 주제들을 요약하고 이 주제들로부터 구체적인 방법적 원리들을 확립할 필요를 느낀다. 그래서 푸코는 (1970년 12월 2일에 행한 콜레주드프랑스 취임 강연록인)『담론의 질서』[1]에서 자신의 연구의 큰 축들을 정식화하려 시도하면서 지금까지 철학의 주제에 속한 적이 없었던 익명의 존재 영역인 담론의 문제 설정으로부터 출발한다. 우선 이는 (담론의 물질성과 사건의 차원에 도사리고 있는) 담론의 힘과 위

1　Gallimard, 1971.

험을 제거하는 모든 과정을 상술하는 것이다. 이는 한편으로(pp. 11-23) 배제를 통해 작동하는 외적 과정들 — 금지: 섹슈얼리티나 정치와 같은 영역들은 극도로 제약적인 말parole의 체제에 종속되어 있다. 분리와 거부: 이성과 광기의 분리로 인해 광인의 말은 항상 자기만의 차원 속에 갇혀 있다. 참과 거짓 사이의 이항 대립: 진실은 항상 우리가 사물들에 대해 행하는 폭력이다 — 과, 다른 한편으로(pp. 23-38) 제한을 통해 작동하는 내적 과정들 — 담론을 순수한 의미를 나타내기 위해 기입된 단순한 표면으로 사고하는 해석, 흩어져 있는 문서 전체를 취합하는 원리의 역할을 수행하는 저자라는 개념,[1] 규정된 진리의 작용들에 따라 담론을 분배하는 "분과 학문"(역사학, 식물학 등)의 규칙들 — 을 구분하는 것이다. 푸코는 결국 언표 행위의 주체들에 대한 분배와 담론의 사회적 점유를 관리하는(이러한 관리는 어떠한 담론이든 그것을 점유하는 이라면 누구에게라도 제재를 가하는 방식으로 행해지는데 이 과정의 중심에 교육체계가 있다)[2] 절차들procédés(pp. 38-47)과 이러한 담론 제한 절차들 전체를 지배하는 이론적 보증자의 역할

---

1 이 점에 관한 핵심적인 텍스트는 "Qu'est-ce qu'un auteur?", *Dits et écrits*, t. I, pp. 789-821이다.

2 교육체계를 배제의 체계로 비판하는 것에 관해서는 *Dits et écrits*, t. II, pp. 185-187, 224-225, 786-788을 보라.

을 수행하는 철학적 주제들(정초적 주체, 기원적 경험, 보편적 매개)(pp. 47-53)을 규정한다(pp. 38-47).

그러므로 이러한 담론 제한의 과정은 항상 담론의 물질성, 즉 담론의 폭발이라는 우연으로 특징지어지는 불연속성, 말이라는 사건의 환원 불가능한 다수성을 피해 가야만 한다. 왜냐하면 결국 결여가 있는 익명의 면nappe으로서의 담론은 동시에 역사적 실천들과 직접적으로 결합되며, 의식적 주체에게 자신의 규칙적인 시간적 전개déploiement를 규정해줄 하나의 기원으로서의 단단한 단일성이 주어지지 않는 것과 마찬가지로, 더 이상 정초적 심급으로서의 담론이라는 것이 그 주체에게 주어지지 않기 때문이다. 지식의 전통적 역사 전체는 얼굴이 없는 이러한 담론의 무의미한 필연성, 위험한 물질성, 불안한 우연들에 대한 부인dénégation 속에서 쓰여왔다. 반면에 지식의 "계보학"은 담론을 인간학적 종합으로는 환원되지 않는 그 고유의 존재 속에서 복원하려 시도한다.

콜레주드프랑스에서 행한 초기 강의들에서 푸코는 취임 강연 당시에는 부정적인 방식으로 제시했던 이러한 이론적 기획을 구체적으로 실행한다.

2) 아리스토텔레스에서 니체까지의 지식의 의지

"지식의 의지"라는 주제는 푸코가 진실의 작용을 배제의 체계로 사고할 수 있도록, 그리고 진실이 가진 그늘진 얼굴을 드러낼 수 있도록 해준다. 지배를 위한 전제적 기획으로서의 진실이라는 이러한 관념은 철학에 의해 사유된 적이 없었다. 푸코에게 있어서 아리스토텔레스 이후의 철학은 정확히 [진실이 가지는] 이러한 차원에 대한 부인déni에 기초해 있다. 아리스토텔레스의 『형이상학』의 첫 구절들을 분석하면서(1970-1971년의 첫 번째 강의[「지식의 의지에 대한 강의」]) 푸코는 이해관계와 무관한 [순수한] 지식에 대한 자연적이고 보편적인 욕망(눈으로 본다는 행위의 실행 자체에 이미 존재하는 욕망)을 주제화하는 것 이면에는 신체에 대한 관심의 의도적 배제, 위험스럽고 금지된 지식으로서의 비극적 주제, 즉 투쟁 도구로서의 담론이라는 소피스트적 주제에 대한 철저한 망각이 있다고 기술한다. 아리스토텔레스는 힘의 관계의 연속성 속에서 주어지는 진실이 아니라 감각 내용에 대한 적합성을 획득하려는 평화로운 시도로 간주되는 진실에 관한 철학적 관념(허상?)을 제시하는 것 같다.

네 가지 원리, 즉 외부성extériorité의 원리(지식 뒤에는 지식과는 다른 것, 다시 말해 보편적인 본능instincts의 작용이 감추어져 있다), 허구의 원리(진실은 오류 일반의 매우 특수한 경우일 뿐이다), 분산의 원리(진실은 주체의 단일성이 아니라 역사적 종합의 다수성에 의존한다), 사건의 원리(진실은 기원적 의미 전체를 정의하는 것이 아니라 매 순간 독특한 발명으로 이루어진다)를 제시함으로써 중립적 진실에 관한 이러한 철학적 모델을 산산조각 내는 것은 니체[1]의 몫으로 남겨진다.

3) 고대 그리스의 사법적 실천

푸코는 1971년의 강의 전체에 걸쳐 소위 "명제적apophantique" 진실(아리스토텔레스)로부터 새로운 형태의 진실(니체)로의 이러한 이론적 도약을 고대 그리스 법률의 역사 속에 존재하는 전도된 이야기를 통해 발견하려고 시도한다.[2] 푸코에게 그리스의 사법 담론은 의고 시대époque archaïque 이후로[3] 진실 확립을 위한 장소였다. 하지만 진실 확립은 범죄행

---

[1] 1970-1971년 강의[「지식의 의지에 대한 강의」] 중 마지막 강의. 이 점에 관해서는 또한 *Dits et écrits*, t. II, pp. 242-243, 542-552를 보라.

[2] 「지식의 의지에 대한 강의」 강의 요약(*Dits et écrits*, t. II, pp. 240-244, 또한 pp. 555-556) 참조. 1980년대에 벨기에 루뱅대학에서 푸코가 행한 미간행된 일련의 강의들 중 첫 강의에서 이 연구의 흔적이 발견된다(「악을 행하고 진실을 말하기. 고백의 기능들」[*Mal faire, dire vrai: Fonction de l'aveu en justice — cours de Louvain*, Michel Foucault, Presses universitaires de Louvain, 2012]).

[3] 필수적으로 참조해야 할 텍스트들은 『일리아드Iliade』의 18번, 23번

위에 대한 사법적 판결을 내리기 위해 정확히 무슨 일이 있었는 지(실제로 잘못이 있었는지 없었는지, 그리고 그 잘못을 행한 자는 누구인지)를 진술하는 것이 아니라, 그 대신 갈등 중인 두 이해 당사자를 위해 위험risque의 공간을 여는 것이었다. 사법 논쟁 내에서 선서라는 행위를 한다는 것, 이는 미래에 신들이 사로잡힐 분노에 노출되는 것이었다. 그러므로 정의를 실행하는 것은 실제로 무슨 일이 일어났는지를 확정하고 이를 눈으로 직접 본 증인들을 찾는 것이 아니라, 고소인들(그리고 그들이 할 수 있는 거짓말들)을 신들의 복수 아래 노출시키는 것이다. 달리 말하자면 의고 시대의 사법 체계는 진실의 증거들preuves에 관한 규정 위에 세워진 것이 아니라 진실의 시험 épreuve의 배치 위에 놓여 있었던 것이다. 진실은 매우 중대한 시험의 순간에 명백히 드러나야 한다.

반면에 고전 시대classique 그리스에서 정의의 실행은 곧 (판결을 내리기 위한 진실 확립과 관련될 때) 목격자의 존재를 요구한다. 재판의 진행 과정에서 사건의 섬광이 사실 확인의 무미건조함으로 대체된다. 라이오스 왕 살해의 목격자를 불안감 속에서 찾아 나서는 소포클레스의 『오이디푸스 왕』은

노래와 헤시오도스의 『노동과 나날Les Travaux et Les Jours』의 발췌문 이다.

이러한 그리스적 정의가 변화한 흔적을 지니고 있다.[1] 하지만 소포클레스의 비극은 푸코의 관점에서 여전히 또 다른 거대한 문화적 변형의 흔적, 즉 불순의 범주와 범죄의 범주의 중첩, 사물들의 질서에 관한 지식에 접근하고 싶어 하는 자에게 본래적 순수성을 요구하는 것, 결국 인간에 대한 비전제적 권력을 요구하는 것(이런 점에서 전제군주 오이디푸스에 의해 구현된 지식-권력의 형태는 소멸을 피할 수 없는 것이다)을 포함하고 있다. 프로이트는 『오이디푸스 왕』을 욕망의 보편적 형태들에 관해 말하는 작품으로 간주하는 오류를 범했다. 즉 이 작품에서 그는 진실의 확인에 사로잡힌 역사적 형태들에 대한 이야기를 발견했어야 했다. 소포클레스의 『오이디푸스 왕』은 이런 점에서 서양의 진실 담론, 즉 원초적인 시각적 내용에 대한 뚜렷한 기억에 기초하는 담론, 이를 언표하는 주체의 순수성에 연결된 담론을 특징짓는 제약의 거대한 새로운 체계를 드러내준다. 철학에서 말하는 진실이라는 것은 아마도 이러한 그리스의 법률적 실천의 후예일 것이다. 사회적 실천을 사유 방법의 모체로 제시하는 이러한 방식은 푸코

---

1 이 점에 관해서는 *Dits et écrits*, t. II, pp. 555-570을 보라. 푸코는 진실 담론의 제약 체계들systèmes에 대한 연구가 아니라 진실 진술véridiction의 체제들régimes에 대한 연구로서 1980년에 다시 한번 『오이디푸스 왕』에 대한 분석을 재개한다([『생명 존재의 통치에 관하여』중] 1월 16일, 1월 23일 그리고 2월 1일의 강의).

의 "계보학적" 탐구를 일정 기간 동안 특징짓는다.

4) 서양에서 조사의 탄생

그리스 사법 논쟁에서 시험과 힘의 관계로서의 의고적ar-chaïque 진실이 증인에 의해 증명되고 확인된 감각 내용으로서의 고전적classique 진실로 이행한다는 점을 푸코는 다음 해 (1971-1972)[「형벌의 이론과 제도」]의 연구 과정 중 유럽의 중세사에서도 재발견한다.[1] 10세기와 11세기에 유럽에서 지배적이었던 낡은 게르만법은 계쟁係爭litige의 해결이 힘의 관계에 의존하도록 만든다([중세의] 신명神明 재판 참조). 이는 결코 중재를 위한 것이 아니라 잘못에 대한 호전적인 해결과 복수를 위한 것이다. 사법적인 시험 속에서 진실이 명백히 드러나게 만드는 것은 항상 힘이 명백히 드러나도록 만드는 것과 동일한 것이다. 승리는 가장 강한 사회적 기반을 활용할 수 있는 사람, 가혹한 형벌을 가장 잘 견딜 수 있는 사람 등에게 돌아간다. 이는 올바른 것과 참된 것을 결정하는 전투다.

판결이 사전 증거와 조사enquête[2]에 의존하도록 만드는 새

---

1 푸코가 행한 이러한 탐구들의 개요는 1973년 브라질에서의 강연에서 확인된다(Dits et écrits, t. II, pp. 571-588에 재수록). 또한 매우 암시적이긴 하지만 『지식의 의지』의 마지막 부분에서도 확인된다.

로운 정의의 형태가 13세기에 나타난다. 푸코는 법의 이러한 변화를 중세 최초의 전제군주제의 형성과 관련짓는다. 부와 군대가 중앙집권화된 주권국가의 권력의 손에 집중되는 것은 (국가에 의한) 사법적 권력(이것이 부의 순환을 보증한다)의 장악으로 이어진다. 전제군주제(정치적 안정과 부의 순환 규제에 대한 국가적 의지)는 대립하는 두 편 간에 재개된 전쟁으로서의 정의justice의 실행을 더 이상 견디지 못한다. 그래서 주권자는 새로운 사법적 규칙들을 확립하기 위해 교회의 낡은 통제 모델, 즉 교회의 고관들이 본당과 교구를 방문할 때 행했던 심문이나 행정 조사를 활용한다. 왕의 검찰관은 (주권자가 가장 큰 이익을 보는 방식으로) 범죄행위들을 판정하고 주권자의 중재를 곳곳에서 실행하기 위해 교회로부터 그 조사 방법들을 차용한다. 그때부터 이러한 지식의 주요 형태가 르네상스 시대의 해박한 논설에서 17세기의 경험주의 학설에 이르기까지 (중세 대학의 낡은 도그마들과는 반대로) 이 위대한 조사 전통을 이끈다. 이 전통에 기반하여 모든 의학, 식물학, 동물학 등이 발전하며, 결국 경험적 이성에 대한 최고의 긍정으로 주어지는 이 조사 방법들은 자신의 이익을 위해 '심문Inquisition'의 낡은 기법들을 부활시키는 주권국가의 출현

2　조사에 관해서는 또한 *Surveiller et punir*(Gallimard, 1975), pp. 39-46을 보라.

에서 자신의 탄생 조건을 발견한다.

2. 규율 사회[*]

1) 형벌 기술

푸코는 크게 네 가지 유형의 형벌 사회, 즉 배제하는 사회 (죄인을 고향 땅에서 쫓아내는 강제 추방), 변제를 활용하는 사회 (정의는 보상의 형태를 취한다), 표시를 남기는 사회(형벌의 효력 은 고문당하는 신체에서 발생한다), 마지막으로 감금하는 사회 (감옥)가 존재한다고 말한다.[1] 이러한 형벌의 절차들은 각각

---

[*]   2장의 핵심적 개념인 norme는 규범과 기준이라는 두 가지 의미를 갖는 '규준'이라는 단어로 종종 번역되는데, 이 단어가 일상에서는 잘 쓰이지 않기 때문에 여기에서는 규범으로 옮긴다. 이와 관련한 또 하나의 핵심 개념인 normalisation(참고로 「안전, 영토, 인구」에서 푸 코는 자신의 의도에 부합하는 단어가 normalisation보다는 normation이라고 지 적한다)은 규범화와 (기준에 따른) 정상화라는 두 가지 의미를 가지고 있다는 이유로 '규준화'라고 번역되는 경우가 있으나 역시 일상에서 는 잘 쓰이지 않기 때문에 여기에서는 정상화로 옮긴다. 독자들은 2장에서 등장하는 규범과 정상화라는 두 개념이 같은 뿌리를 가진다 는 점을 염두에 두어야 한다.

[1]   형벌 사회의 유형학에 관해서는 *Dits et écrits*, t. II, pp. 203-204, 297, 319, 456-457, 그리고 1973년 1월 3일과 1973년 1월 28일의 강의들을 보 라[「처벌 사회」].

의 경우에서 확립된 권력 형태를 드러내준다. 그러나 푸코에게 이는 주어진 형벌 메커니즘들이 어떤 형벌 이론, 재현 체계, 집단적 감수성 또는 사회구조의 결론 혹은 결과인지를 묻는 것과 관련되는 것이 아니라, 어떠한 일반적인 권력 테크놀로지 내에 이러한 형벌 기술들이 기입되어 있는지를 질문하는 것과 관련된다.

기술은 변화하고 진화할 수 있지만, 그 기술이 적용되는 지점도 변한다.[1] 권력 형태의 변화를 이해하기 위해서는 단순히 "어떻게 처벌하느냐"를 묻는 것만이 아니라 "무엇을 처벌하느냐"를 물어야만 한다. 푸코는 오늘날 우리가 행위에 대한 처벌보다는 개인에 대한 처벌에 더욱 집중한다는 점을 확인한다. 고전적으로 판사가 가진 문제는 피고인이 고발당한 중죄를 실제로 저질렀는지, 어떻게 저질렀고 누가 이를 목격하였는지였다. 이로부터 저질러진 범죄에 상응하는 제재가 내려졌다. 그런데 푸코에 따르면 근대에 들어 정의의 실행은 범행 장본인의 책임을 확정하는 것으로 환원되지 않는다. 즉 "당신은 고발당한 범죄를 정말 저질렀습니까?"에

---

1 형벌 기술의 대상의 변화와 그 의미(판단해야 할 심리학적 데이터로서의, 그리고 정상화의 과정을 통해 감옥에 가둬야 할 대상으로서의 개인이라는 문제)에 관해서는 *Dits et écrits*, t. II, pp. 396, 464, 592-593, 667-668, 717, 724, 742; t. III, pp. 294, 378, 462, 507, 마지막으로 *Surveiller et punir*, pp. 15-28을 보라.

서 그치는 것이 아니라 "당신은 누구입니까?"로까지 나아가는 것이다. 정의는 (특히 형사사건의 경우 그러한데) 심리학적인 진실을 통해서가 아니라면 절대 획득될 수 없는 것이 된다. 이로부터 판결에서 행위의 본성 자체를 변질시키는 것처럼 보이는 "정상참작"(또는 가중처벌)의 역할이 등장한다. 또한 이로부터 감옥에서의 태도에 따라 가능한 형의 감면이라는 원칙이 등장한다.

예전 프랑스 형법 제64조는 "정신착란" 상태에서 저질러진 모든 범죄행위의 경우 범행 장본인의 책임을 면해준다. 우리는 광인이면서 동시에 죄인일 수는 없는 것이다. 그러나 실제로 판사가 정신의학 전문가에게 피고인이 미쳤는지 아닌지, 즉 책임이 있는지 없는지에 대해 묻지는 않는다. 그 대신 판사는 피고인이 위험한지 아닌지, 치료 가능한지 아닌지에 대해 묻는다. 그러므로 정신의학자는 중죄를 저지른 순간의 행동에 대해 피고인에게 책임이 있는지 없는지를 결정하기 위해서가 아니라 행위의 잠재성, 행동의 가능성을 평가하기 위해 소환되는 것이다. 결국 우리는 더 이상 행위와 그 장본인에 대해 판결을 내리지 않는다. 그 대신 우리는 개인에 대해 판결을 내리는데, 그 개인의 중죄는 전문가들이 언표한 심리학적 진실 내에 기입되어 있다. 우리는 더 이상 법을 위반한 것에 대해서가 아니라 도착pervers에 대해 형을 선고한다. 따라서 형사적 정의는 인식 요소들을 참조함으로써만 처벌을 내린다. 형사적 정의는 단순히 형벌적 심급이기만한 것을 넘어, 진실에 대해서à la vérité 작용하고 싶어 한다. 정의의 판단은 언제나 더 많이 요구되는 과학성 안으로 들어감으로써 그 자의성으로부터 벗어난다. 근대적 정의는 결국 더이상 행위와 위반을 처벌하는 것이 아니라 심리학적 개인성, 행동의 잠재성, 본능과 이상성anomalies, 즉 위험성[1]을 처벌한다. 우리는 더 이상 범죄를 처벌하는 것이 아니라, 범죄를 저지르는 영혼을 처벌한다. 신체에 관한 정치적 테크놀로지로부터 비롯되는 이러한 영혼의 탄생이 바로 푸코가 이야기하고자 하는 것이다.

2) 감옥의 수수께끼

푸코의 문제 제기는 최소한 우리 서구 사회에서의 형벌 제도 내에서 감옥이라는 제도의 확장을 출발점으로 삼는다. 유아 강간범, 기금 유용자, 경범죄 위반자, 이들 모두는 감옥에의 감금이라는 동일한 형벌을 받게 된다. 어떻게 감옥은 형

---

1   위험성에 관해서는 *Dits et écrits,* t. II, pp. 593, 664-665, 그리고 t. III, pp. 295, 308, 341-343을 보라.

벌의 자명한 형태가 될 수 있었을까? 이러한 질문을 제기하는 이유는 어쨌든 예를 들어 프랑스의 구체제에서 감금은 그 자체로 형벌을 구성했던 것이 아니라 단지 피의자의 신체를 확보하는 수단에 불과했기 때문이다. 다음과 같이 말하는 세르피옹Serpillon의 형법은 이러한 점에서 대표적이다. "감옥은 우리 [시]민법에 따르면 형벌로 간주되지 않는다." 50년 후에 감옥은 거의 유일한 형벌 기술이 된다. 레뮈자Rémusat는 1831년의 의회 회의에서 다음과 같이 선언한다. "새로운 법이 인정한 형벌 체계는 무엇인가? 그것은 모든 형태의 투옥이다." 사람들은 19세기 전반기에 일어난 이러한 형벌 방식의 성공적인 확장을 확인함과 동시에 그 효과를 비난한다. 사람들은 감옥이 감옥에서 출소하는 사람들의 사회 재통합을 어렵게 한다는 것을 이미 알고 있는 것이다.[1]

이러한 감옥의 수수께끼는 18세기 말에 이루어진 형법 이론의 거대한 변화를 고려할 때 더 복잡해진다.[2] 우리는 베카리아Beccaria나 브리소Brissot와 같은 저자들에게서 도덕적 과오나 종교적 죄악에 대한 어떠한 참조도 없이 범죄를 [시]민

[1] 감옥에 대해 제기된 최초의 비판들에 관해서는 *Dits et écrits*, t. II, pp. 458-459, 742를 보라.
[2] 계몽주의 시대에 이루어진 형벌의 사회화와 형벌 기술에 관해서는 *Dits et écrits*, t. II, pp. 461-463, 589-592, 726과 1973년 1월 24일자 강의「처벌사회」, 그리고 *Surveiller et punir*, pp. 92-134를 보라.

법에 대한 위반과 파기로 간주하는 새로운 정의를 발견한다. 범죄는 (더 이상 신성모독이 아니라) 사회적 손해로, 또한 범죄 자는 사회의 적으로 간주된다. 계몽주의 법률가들이 (초월적인 도덕적 가치에 대한 참조 없이) 범죄에 대해 내린 이러한 새로운 내재적 정의는 사회적 유용성을 중심으로 하는 형벌에 관한 새로운 정의를 이끌어낸다. 위에서 언급한 근대의 이론가들 이 상상했던 형벌은 예를 들어 추방, 불명예, 강제 노동, 동태 복수법과 같은 것들이다. 형벌의 계산에 있어 항상 중요한 것 은 본보기를 보여주는 것(형벌의 적용은 잠재적인 범죄 의지를 억 제하기 위해 공개적으로 이루어져야 한다), 그리고 범죄행위가 초 래한 사회적 손해를 복구하는 것이다. 형벌 기술은 재현의 차 원에서 작용하는 것으로 이해된다. 형벌 기술은 (교화를 목적으 로 하는 계산된 형벌의 스펙터클을 상연함으로써) 범죄에 대한 생 각을 억제하기 위한 재현 기술이다.

이러한 점에서 형벌 기술은 예전의 체형 의례와는 대립된 다.[1] 체형에 있어서도 분명 형벌의 공공성과 동일한 관념, 즉 고통을 공개적 스펙터클로 제시하는 관념이 발견된다. 또 한 여기에서도 침해당한 주권에 대한 보상이라는 개념이 발

---

1 형벌로서의 체형에 관해서는 *Dits et écrits*, t. II, pp. 618, 716, 726-727, 794, 798을 보라. 푸코가 제시하는 대표적 사례는 다미앵Damiens의 체형이다(*Surveiller et punir*, pp. 36-62 참조).

견되지만, 이는 계약에 의해 정의된 새로운 인민주권은 아니었다. 침해받은 자는 왕 자신이며, 그는 이러한 침해에 대해 자신의 힘을 분명히 드러냄으로써 복수했다. 체형에 의해 고통 받는 신체는 저질러진 범죄의 진실과, 범죄행위에 의해 상처 입은 왕의 힘이 갖는 잔혹한 우월성을 나타냈다. 푸코에게 이러한 형벌 의례는 불경한 범죄자에 의해 상처 입은 군주의 상징적이고 육체적인 복수를 상연하는 것이었다.[1]

우리는 최근에 이루어진 계약 이론의 발전과 인민주권이라는 개념이 범죄를 더 이상 군주의 신체에 가하는 물리적 훼손이 아니라 사회계약에 대한 위반으로 바라보는 사고를 형성했음을 보았다. 이때부터 형벌은 손상된 사회적 유용성에 대한 공적이고 교화적인 성격의 회복이라는 형태로 사고된다. 그런데 이러한 분석의 틀 안에서 감옥은 전혀 언급되지 않는다. 그럼에도 19세기 동안 갑작스럽게 주요한 형벌의 메커니즘으로 자리 잡는 것은 바로 투옥incarcération이며, 모든 형벌 개혁의 기획과 오랜 시간 동안 형성된 그 모든 형벌 기술 중에서 유일하게 살아남은 것은 그 우중충한 단조로움과 배타

---

1   하지만 인민을 공포에 사로잡히게 하는 데 적절한 이러한 구경거리는 동시에 인민이 권력에 대한 그들의 거부를 표명하고 체형을 당한 희생자를 순교자로 변화시킬 기회이기도 했다(*Surveiller et punir*, pp. 63-72 참조).

성 속에서 확립된 감옥뿐이다. 이는 사회적 유용성이 더 이상 없지만 개인적 행동의 관리[통제]와 교정이 요구되는 나머지 인간들을 감옥에 감금하는 것을 의미한다. 이러한 감옥 제도 의 광범위한 확산은 투옥이 프랑스에서 왕권의 자의성과 남 용이라는 생각과 연결되어 있었기 때문에 더더욱 놀라운 것 이다(구체제하에서 투옥은 왕이 직접 서명한 봉인장이 있어야 행해 질 수 있었다). 그러므로 감옥이 그렇게나 빨리, 그렇게나 자연 스럽게 형벌의 유일한 수단이 된 이유를 어떻게 설명할 수 있 는가? 암스테르담, 필라델피아의 글로스터에 있는 거대 감금 모델들[1]과 같은 그런 감금 모델들의 위엄을 원용해야 하는 가? 하지만 만약 감옥이 새로이 등장한 명증한 형벌로 확립될 수 있었다면, 이는 감옥이 우리 사회의 논리에 더욱 깊숙이 뿌리내리고 있었기 때문이었다. 감옥을 이해하기 위해서 푸 코는 문제를 매우 크게 우회하는데, 이 우회는 우리를 고전주 의 시대에 이루어진 규율 사회의 형성에 관한 탐구로 이끈다. 신체의 복종과 제스처에 대한 통제, 완전한 감시의 원리, 행 동 교정과 존재의 정상화 기획, 생산도구와 연결된 유용한 신 체의 구성, 규제되고 복속된 개인성에 대한 지식(인간과학)의 형성, 이 모든 것은 우리 서구 사회에서 점진적으로 확산되고

---

1   *Surveiller et punir*, pp. 122-129 참조.

강화되는 권력의 광대한 전략 일반에 속한다. 감옥은 오직 고전주의 시대 이래로 행해진 이러한 권력 메커니즘의 재구성으로부터만 이해될 수 있는 것이다.

3) 신체에 대한 정치적 투여

푸코에게 규율은 무엇보다도 신체를 대상으로 하는 정치적 기술이다.[1] 공장에서든 학교에서든 병영에서든 푸코는 신체를 나누어 배치하고 구획 지으려는quadriller 노력에 주목한다. 그래서 푸코는 흑사병의 치료와 관련한 감시와 격리의 기술을 나병에 의해 형성된 예전의 격리 제도와 대립시킨다.[2] 규율은 무엇보다도 하나의 새로운 정치적 해부학, 즉 개인들을 공간에 나누어 배치하는 기술(각자는 자신의 계층, 자신의 힘, 자신의 기능 등에 따라 자신의 자리에 있어야만 한다), 행동의 관리[통제](지배는 행동의 내부에까지 도달해야 하며,

---

1   규율과 신체(더 넓게는 권력과 신체) 사이의 관계에 관해서는 *Dits et écrits*, t. II, pp. 523, 617, 754-756; t. III, pp. 231, 470; t. IV, p. 194; *Surveiller et punir*, pp. 16-21, 29-35, 그리고 1975년 2월 26일 강의「비정상인들」를 보라.

2   두 가지 서로 다른 형태의 권력을 드러내주는 항으로서의 흑사병 치료와 나병 치료 사이의 대립에 관해서는 *Surveiller et punir*, pp. 197-210, 그리고 1978년의 첫 강의「안전, 영토, 인구」참조.

또한 그 가장 내밀한 물질성을 통해 제스처의 수준에서 작동해야 한다), 생성의 조직화(권력은 신체를 점진적인 작용에 복속시키면서 그 내적 지속의 차원 안에 투여한다), 힘의 조립(이는 신체로부터 최적의 유용성을 이끌어내기 위해 여러 신체를 결합하는 것과 관련된다)으로 이해된다. 권력은 신체를 공간의 조각인 것처럼, 행동의 중핵인 것처럼, 내적 지속인 것처럼, 그리고 힘의 합계인 것처럼 투여한다.[1] 이 모든 기술은 복종하는 유순한 신체, 유용한 신체를 만들어내고, 기능적이며 적절한 작은 개인성들individualités을 생산해낸다. 우리는 푸코가 요구하는 분석의 수준이 권력의 미시물리적 수준이라는 것을 이해할 수 있다. 즉 우리는 신체를 에두르고 투여하는 소규모 과정들의 수준에서 권력을 연구한다. 그러므로 이는 국가의 생성이나 자연권에 대한 거대한 질문을 구성하는 것이 아니라, 교육의 세밀한 기술과 훈련의 세밀한 규칙을 연구하는 것이다.

4) 정상화

작업장, 학교, 공장에서 작동하는 규율의 기술은 벌금, 처벌 등으로 구성되는 (국가의 거대한 사법 메커니즘과 병행하는)

---

[1]   이 네 가지 투여 유형은 *Surveiller et punir*, pp. 137-171에 기술되어 있다.

미시 형벌을 항상 활용한다. 이는 반항적인 신체, 유순하지 못한 신체를 매 순간 체형하는 것이다. 하지만 이러한 자잘한 유형의 체형들은 교정이라는 그 기능의 관점에서 이해되어야 한다. 이는 (보상이라는 역체계를 통해 균형을 유지하는 제재의 체계를 통해) 신체로부터 정상화된 품행conduite을 이끌어내는 것이다. 이러한 의미에서 푸코는 법과 규범을 대비시킨다.[1] 이러한 대비는 푸코의 텍스트에서 역사적 변화라는 형태로 나타난다.[2] 다시 말해 중세에서 고전주의 시대까지의 권력의 지배적인 형태는 '법'에 의해 규정되는 반면에, 우리의 근대사회는 본질적으로 규범에 의해 작동한다는 것이다. 법에 따른 사법적 처벌은 (허가와 금지라는) 이항 대립으로 구성되는데, 이러한 이항 대립은 법률 텍스트에 준거함으로써 행위들에 대한 구분을 작동시킨다. 또한 법은 개인에게 적용

---

1   이러한 대비에 관해서는 *Dits et écrits*, t. III, pp. 75, 274-275를 보라.

2   하지만 이러한 역사적 변화는 또한 권력의 인식 격자grilles d'intelligibilité 사이의 대립이라는 형태를 취하기도 한다. 즉 푸코가 봤을 때 법의 위엄이 너무나 큰 것으로 남아 있기 때문에 권력에 관한 우리의 이론 전체는 이러한 법의 위엄에 의해 결정되어 있다(하지만 법은 사실 권력의 역사적 형태들 중 하나일 뿐이다). 반면에 규범에 관한 성찰은 권력 및 권력과 신체의 관계를 권력의 활동적인 전략의 차원에서 더 잘 이해하도록 해준다. 하지만 권력을 사유하기 위해 이렇듯 법을 (그리고 더 넓게는 권리를) 상대화하는 것은 푸코에게서 실천적 투쟁의 수준에서 규범의 은밀한 지배에 대항하는 권리를 재확인해야 한다는 정치적 요구와 동일선상에 놓이는 것이다.

되지만 외부로부터 적용되는 것이고, 본질적으로는 법에 대한 위반이 있는 경우에만 적용되는 것이다. 결국 법은 법이 투입되지 않는 자유의 공간으로서의 허가의 영역을 경계 짓는다. 반면 규율 장치는 규범에 따라 형벌을 분배하는 것인데, 이 규범의 작동은 예전에 존재했던 '법'의 체계로는 환원되지 않는다. 왜냐하면 규범은 개인의 품행에 규정된 형태courbe를 부여하기 위해 이 개인적 품행의 내부성intériorité에 도달하려 시도하기 때문이다. 규범은 일시적이고 정확한 행위를 했을 때의 개인을 포착하는 것이 아니라, 그 개인 존재의 총체성에 개입하려고 시도한다. 결국 법은 그 적용과 엄격함에 있어 연극적 의례로 완전히 무장하는 반면에, 규범은 도처에 은밀하고 간접적인 방식으로 확산되어 있다. 즉 규범은 수없이 많은 세세한 징계réprimandes라는 우회로를 통해 확립되는 것이다.

그러므로 규율 체계의 미시 형벌은 정상화된 품행을 신체에 기입하는 심급을 구성하는 것이다. 하지만 이러한 미시 형벌은 이 규범들을 확산하고 주입하는, 또는 오히려 규율 권력에 의해 규정된 품행을 자연적 진실로 언표하는 지식의 장치를 통해 전달된다. 푸코는 19세기 이래로 진실은 정상화의 역할을 떠맡으며, 규범만이 홀로 진실 진술적인 것vé-ridique으로의 접근을 규정한다고 우리에게 말하는 것처럼 보인다. 우리는 조사의 기술들, 더욱 넓게는 중세 초기의 경험적 지식 전체를 어떻게 사법 메커니즘을 완전히 자신의 뜻대로 하는 중앙집권화된 국가의 등장으로부터 이해해야 하는지를 푸코가 보여주었다는 사실을 기억하고 있다. 여기에서 규율 권력의 필연적 결과로 확립되는 것이 바로 평가examen라는 형태이다. 평가는 규범화된 개인성에 대한 정치적 투여의 방향을 재조정해주는데, 그러나 이는 개인성에 그 신분증명서를 발급해주기 위함이다. 평가는 규율 권력의 진실 진술적 형태로 나타나는 것이다. 우리에게 규율 권력에 부합하는 정체성identités을 만들어주는 것이 바로 이것이다. 그런데 인간과학이 자신의 과학적 방법의 본질을 찾게 되는 것은 바로 이 평가의 기술에서다. 따라서 내밀한 신체적 품행의 장악을 통한 규율 권력의 확립이 19세기 인간과학의 탄생을 설명한다.[1] 이는 더 이상 1960년대에 그랬던 것처럼 인간과학이 자신의 가능성을 근본적인 경험 혹은 원초적인 인식론적 배치에 기입한다고 말하는 것이 아니다. 오히려 이는 행동에 대한 기술-정치적technico-politique 투여를 통해서만 인간과학이 그 존재 조건을 발견할 수 있다는 것을 의미한다.

---

1 규율 사회와 관련한 인간과학의 계보학에 관해서는 *Dits et écrits*, t. II, pp. 594-595, 619-620, 672를 보라.

학교, 병원, 공장에서의 평가는 객관성의 평면에 유순한 신체를 투사할 수 있게 해준다. 그러나 이는 인간과학이 신체 장악에 대한 순전한 이데올로기적 반영일 뿐이라는 것을 의미하지는 않는다. 푸코에게 권력과 지식은 공통의 역사적 체계를 구성한다. 즉 지식 내 신체적 객관화에 의해 승인된 유순한 신체의 현실이 존재하고, 역으로 대상에 대한 지식의 영역이 권력의 기술techniques de pouvoir에 의해 개방되는 그러한 지식의 현실이 각각 존재하는 것이다.[1] 우리는 푸코에게서 권력-지식의 체계가 객관적 진실(진실의 규칙으로서의 규범)과 신체적 물질성(규율에 의한 신체의 분석적 투입)으로 특수화되는 역사적 현실의 장을 지시하는 것이라고 말할 수 있다. 하지만 우리는 권력의 기술과 연결된 지식의 언표 행위 체계에 저항하는 것으로서의 글쓰기가 존재함을 지적해야 한다. 그래서 푸코는 특이성의 글쓰기를 통해 수행되는 저항 작업

---

1 푸코가 비판했던 확고히 뿌리내린 전통은 권력과 지식 사이의 본질적인 양립 불가능성을 설정한다. 이 전통에 따르면 순수하고 진정한 지식은 정치적 정념의 저 멀리서, 즉 이해관계로부터 절대적으로 벗어난 상태에서만 형성될 수 있다. 권력은 결국 지식의 타락일 뿐이다. 권력은 이데올로기, 즉 거짓을 낳을 수밖에 없는 것이다. 반대로 푸코에게서 권력은 지식을, 더욱이 진실된 지식을 생산한다. 권력과 지식 사이의 관계에 관해서는 *Dits et écrits*, t. II, pp. 389-390, 752, 757; t. III, pp. 33, 78, 141, 175, 300, 404, 533; *Surveiller et punir*, pp. 172-196 참조.

의 일환으로 자신의 어머니와 누이, 그리고 남동생을 죽인, 판사들과 정신의학자들을 아연실색케 할 만큼이나 곤란에 빠뜨린 피에르 리비에르Pierre Rivière에 관한 논문을 썼던 것이다.[1]

그러나 권력에 관한 이 거대한 테제들은 푸코에게서 역사적 내용에 관한 끈질긴 설명과 결합된다. 예를 들어 푸코에게 이는 무엇보다 어떻게 의학이 규범을 확산하는 심급으로 점진적으로 확립되었는지를 이해하는 것이다.[2] 의학은 점점 개인의 고통을 완화시킨다는 자신의 예전 임무로 환원할 수 없게 된다. 의학은 점점 더 사회적 실천으로 기능하게 된다.[3] 예방에 대한 근대적 요구는 우리 존재를 끊임없이 의학화한

---

[1] Gallimard/Julliard, 1973. 현재 "Folio/Histoire"판을 시중에서 구할 수 있다.

[2] 그래서 우리는 푸코가 왜 18세기 말에 재조직화의 과정을 겪은 것으로 분석한 병원이라는 제도를 최초의 완전한 규율 체계 — 특정 공간 내에서 환자들에 대한 엄격한 분리와 배치, 감시와 분류의 원리에 따른 건축, 환자들을 사례와 교육 자료로 구성하는 의사의 정기적인 환자 회진 구성 등등 — 로 간주하는지 이해할 수 있다(규율 장치로서의 병원에 관해서는 *Dits et écrits*, t. II, pp. 680-682, 697-698; t. III, pp. 24-28, 508-521, 727-740을 보라).

[3] 푸코는 18세기에 독일에서 등장한 국가 의학, 같은 시기 프랑스에서 탄생한 도시 의학, 마지막으로 영국에서 등장한 노동 의학을 구분한다. 이중에서 정치적·사회적 요구에 종속된 노동 의학이 후대까지 가장 길게 살아남는다(*Dits et écrits*, t. III, pp. 207-228 참조. 그리고 규범 확산의 심급으로서의 의학에 관해 푸코가 더욱 포괄적으로 논의한 부분으로는 t. II, pp. 317, 380-382, 469, 614; t. III, pp. 21-23, 40-58 참조).

다. 의학은 심지어 질병이 나타나기 이전에 개입해야 하는 것이 된다. 건강은 소비의 대상 또는 심지어 요구해야 할 권리가 된다. 의학은 이를 통해 의학적 권력의 끝없는 확장을 가능케 하는 존재 원리가 되는 것이다.

비정상적 행동의 영역을 구성하는 것은 또한 정신의학의 역할에 속하는 것이기도 하다. 푸코는 콜레주드프랑스에서 일 년 내내 "정신의학적 권력"을 연구한다.[1] 하지만 이 강의의 핵심은 광기의 규율화를 증명하는 것이다. 즉 그것은 어떻게 19세기의 정신병원이 광인의 의지와 정신의학의 의지 사이의 세력장으로 — 치료가 신체에서 신체로 유순함을 강력하게 학습시키는 것과 혼동됨으로써 — 또한 규율 장치라는 톱니바퀴를 기계적으로 작동하도록 만드는 방식으로 병을 치료하는 데에만 적합한 규율 장치로 구성되었는지를 보여주며(1973년 12월 5일 강의), 또한 어떻게 광기가 오류와 비이성으로서가 아니라 교정해야 할 악덕vice으로 지각되는지를 보여주며, 또한 어떻게 정신의학자의 역할이 병자 개인을 — 고유한 정체성과 이름을 가지게 만들기, 경제 체계에 통합될 줄 알게 만들기, 수용될 수 없는 욕망을 표현하지 않도

---

1   M. Foucault, *Le pouvoir psychiatrique*, éd. J. Lagrange, Gallimard-Le Seuil, 2003.

록 만들기 등과 같은 — 행동의 규범들에 재적응시켜야 한다는 환자 가족의 요구에 응답하는 것이 되었는지를 보여준다 (1973년 12월 12일 강의와 1974년 1월의 첫 번째 강의). 이 규범들은 사회 현실과 진실의 영역을 동시에 정의하는데, 이 둘 모두는 정신의학에서 적용 영역과 이론적 가능성의 조건을 동시에 구성하는 것이다.

하지만 규범 확산의 사회적 심급이라는 자기 고유의 차원에서 정신의학의 권력이 특히나 정신이상과 정신이상자라는 개념의 형성을 통해 작동한다는 점을 기억해야 한다. 콜레주드프랑스 1975년 강의에서[1] 푸코는 19세기 말에 존재했던 비정상인의 윤곽을 재구성하기 위해 서로 교차하는 다양한 형상, 즉 괴물 같은 범죄자, 퇴행적 자위 행위자(1975년 3월 5일 강의) 그리고 교정해야 할 개인을 연구한다. 이 세 형상은 사회에 대한 어떤 위험, 즉 범죄자의 위험,[2] 자위와 관련된 질병의 위험 등등을 표상한다. 정신의학은 스스로를 위험

---

1 *Dits et écrits*, t. II, pp. 822-828에 실린 이 강의의 개요와 『비정상인들』 강의(éd. V. Marchetti et A. Salamoni, Gallimard-Le Seuil, 1999) 참조.

2 푸코는 괴물에 대한 하나의 역사를 쓴다. 매우 오랫동안 괴물은 해결할 수 없는 법률적 문제들(괴물에게 세례를 해야 하는가 등)을 제기하는 자연의 오류로 등장한다. (사드의 시대인) 18세기 말이 되어서야 범죄자는 괴물로, 즉 도착적 자연(본능instinct)에 속하는 것으로 간주된다 (1975년 1월 22일과 29일 강의)[『비정상인들』].

한 비정상성을 대상으로 하는 과학으로 정립하면서 사회 위생의 도구로 자리 잡는 것이다(1975년 2월 12일 강의).

5) 판옵티즘

위에서 우리는 품행의 정상화 과정을 위한 도구로서의 미시 형벌에 관해 다루었다. 여기에 더해 우리는 신체의 복종을 보증하는 것으로서의 감시와 관리[통제]* 원칙을 푸코가 강조했다는 점을 지적해야 한다. 이러한 감시와 관리[통제]는 권력의 기계machines에 의해 행해지는 것이다. 규율에 관한 연구는 이러한 기계machineries와 기구mécaniques에 대한 묘사, 그리고 이러한 권력의 장치dispositifs에 대한 건축학

---

* 관리[통제]는 contrôle을 옮긴 것이다. 관행적으로 한국에서는 이 프랑스어 단어를 '통제'로, 일본에서는 이를 '관리'로 번역하는 것에서 알 수 있듯 이 단어에는 두 가지 뜻이 모두 들어 있다. 중간고사(혹은 중간 평가)나 기말고사(혹은 기말 평가)의 '고사[평가]'를 프랑스어로는 contrôle이라고 표현하는 것에서 알 수 있듯 이 단어는 '통제'라는 번역어만으로는 완전히 표현되지 않는다. 특히 들뢰즈의 '통제사회론'의 경우 일본의 관행에 따라 '관리사회론'으로 옮기는 것이 더 적절하다. 왜냐하면 고이치로 고쿠분이 『고이치로 고쿠분의 들뢰즈 제대로 읽기』(박철은 옮김, 동아시아, 2015)에서 지적하듯 여기에서 들뢰즈가 의도하는 '관리'의 의미는 '체크check'이기 때문이다. 그러므로 들뢰즈의 '관리사회론'은 푸코의 신자유주의 분석과 깊은 친화성을 맺고 있다고 볼 수 있다. 이러한 의미에서 이 책에서는 contrôle을 '관리[통제]'로 옮겼다.

적 배치dispositions를 전제한다. 그래서 규제된 행동compor-tement réglé은 권력의 익명적 기계장치의 산물로 간주된다. 우리는 푸코가 벤담의 판옵티콘[1]에 부여한 중요성과 그가 그 판옵티콘에 관해 행한 꼼꼼한 묘사에 대해서 이미 잘 알고 있다.

"우리는 판옵티콘의 원리에 대해 잘 알고 있다. 바깥쪽에는 고리 모양의 건물이 들어서 있고 그 중앙에는 탑이 서 있다. 이 탑에는 고리 모양 건물의 안쪽 정면을 향해 커다란 창문들이 나 있다. 바깥쪽의 건물은 여러 개의 방으로 나뉘어 있고, 각 방이 건물의 두께 전체를 채우고 있다. 이 방들에는 각각 두 개의 창문이 있는데, 한 창문은 탑의 창문과 마주 보도록 안쪽으로 나 있고, 바깥쪽으로 나 있는 다른 창문은 그 방의 한쪽에서 다른 쪽까지 빛이 관통할 수 있게 해준다. 그러므로 중앙 탑에 감시인을 배치하고 광인, 병자, 사형수, 노동자 또는 학생을 각 방에 배치하는 것만으로도 충분하다. 역광의 효과로 인해 탑에서는 빛으로 뚜렷하게 드러난, 바깥쪽의 방에 있는 죄수들의 작은 실루엣들을 포착할 수 있다. 감옥이자 소극장인 그곳에서 각 행위자는 홀로 완벽하게 개인화되고 끊

---

1   판옵티즘에 관해서는 *Dits et écrits*, t. II, pp. 437, 466, 594-595, 729; t. III, pp. 35, 190-197, 460, 474, 628; *Surveiller et punir*, pp. 197-229, 그리고 1973년 12월 마지막 강의「정신의학적 권력」를 보라.

임없이 가시화된다. 판옵티콘 장치는 끊임없이 볼 수 있게 하고 즉각적인 인지를 가능케 하는 공간의 단위들을 배치한다. 결국 우리는 감옥의 원리를 역전시키는 것이다. 또는 달리 말해 감옥의 세 가지 기능 — 감금하기, 빛을 박탈하기, 숨기기 — 중에서 우리는 첫 번째 기능만을 보존하고 나머지 두 기능은 삭제하는 것이다. 충만한 빛과 감시인의 시선은 결국은 죄수를 보호하는 역할을 하곤 했던 어둠보다 더 잘 죄수를 포착한다. 가시성은 함정인 것이다. … 이로부터 판옵티콘의 주요한 효과, 즉 수감자에게 권력의 자동적인 작동을 보증하는 가시성의 상태를 의식적이고 지속적으로 야기하는 효과가 만들어진다. 감시가 불연속적으로 작동할지라도 감시의 효과가 지속되도록 하기, 권력의 완벽함이 그 권력의 항시적 작동을 불필요하게 만들도록 하기, 이 건축학적 장치가 권력을 행사하는 자와 무관한 권력관계를 창조하고 지지하는 기계가 되도록 만들기, 결국 수감자 자신이 권력의 담지자porteurs가 되는 그러한 권력의 상황 안에 사로잡히도록 하기."[1]

그러므로 이는 지속적인 감시를 가능케 하기 위해 중앙탑으로부터 이쪽에서 저쪽까지 전부 가시화된 일련의 공간에 방들을 배치하는 것이다. 이렇게 고안된 건물은 꼭 감

---

1 *Surveiller et punir*, pp. 201-203.

옥으로 사용되기 위한 것은 아니며, 감옥 대신에 병원, 학교 또는 공장으로도 사용될 수 있다.[1] 이 완전한 가시화 장치의 주요 효과는 자신이 감시되고 있는지 아닌지를 자신의 방에서는 알 수 없는 이 수감자에게서 감시 관계의 내면화를 유발하는 것이다. 행동에 대한 이러한 조작은 폭력 없이, 그러나 지속적 가시성이라는 끈질기면서도 비물질적인 압박하에서 이루어진다. 게다가 감시자의 비가시성은 권력이 어떤 규정된 형상(교도소장, 교도관 등)과 일치되지 않도록 만든다. 권력은 더 이상 어떤 인물이 아니라 익명적이고 자동적인 기능을 담당한다. 규율 기계는 근본적으로 민주적이다.[2]

6) 규율 사회와 자본주의

규율적인 권력 형태의 발생, 즉 신체에 대한 지속적 관리[통제]와 품행의 정상화의 등장은 지금까지 권력의 미시물리학이라는 틀 내에서 검토되었다. 이는 행동을 이끌어내

---

1 푸코에게 있어 판옵티콘은 구체적인 건축물을 가리키는 것이 아니라 오히려 규율 권력의 선명한 형식화를 나타내는 것이다.

2 규율/민주주의의 관계에 관해서는 *Dits et écrits*, t. II, p. 722; t. III, p. 195; *Surveiller et punir*, pp. 223-225를 보라.

는 것(보상/처벌에 관한 섬세한 체계)에 관한 그리고 정상화를
목표로 하는 지식의 구성(일련의 의학적, 심리학적 검사examens
등)에 관한 세심하면서도 이따금 미세하기까지 한 기술들을
발견하는 것이었다. 하지만 규율 사회의 등장은 인구와 부
에 관한 거대한 역사적 운동과의 관련을 통해 이해되어야
한다. 우리는 규율이 권력의 새로운 경제를 구성한다는 점을
기억해야 한다. 예전의 권력[1](주권 권력)은 복수의 모순적인,
결함이 있는 작용 영역만을 소묘하는 권위 심급들 간의 얽
힘으로 제시되었다. 그런데 이러한 권위의 지점들은 무력의
위협을 통해 실행되는 그리고 많은 저항을 일으키기도 하
는 (수확물, 생산물 등과 같은) 재산의 징수를 통해, 또는 그 위
력을 과시하는 사치스러운 의례를 통해 자신의 권력을 확인
했다. 이 오래된 체계는 권력에 대한 지속적인 갈등, 권력의
부실한 체계화, 일시적이긴 하지만 어김없이 등장하는 권력
에 대한 저항과 같은 권력이 지불해야 할 높은 비용을 초래
했다. 반면 규율은 권력의 확장, 강도, 지속성에 있어 그 효
과를 증가시키려는 시도로, 즉 부드럽게 그리고 끊임없이
사회체에 침투하고자 하는 권력의 꿈으로 제시된다. 하지만

---

1 규율에 대립되는, 예전의 권력의 경제에 관해서는 *Dits et écrits*, t. II,
pp. 716, 793; t. III, pp. 69, 392; t. IV, pp. 189-190; *Surveiller et punir*, pp.
77-84 참조.

규율 권력은 특히 자본주의에 의해 발전된 새로운 생산 메커니즘에 통합된다.[1] 실제로 결국 규율이 생산하는 이 유순한 신체는 생산 기계와 연결될 수 있는 노동자의 유용한 신체이다. 규율 권력은 또한 신체를 생산 규범에 맞게 조절하는 역할을 맡기도 한다. 노동자의 신체를 생산의 목적에 맞게 규율하는 것은 게으르고 향락에 집착하는 프롤레타리아의 신체에 대한 공포를 역으로 드러내는 것이다. 최초의 노동자 주택단지의 건설, 노동자 명부의 등장, 습관을 강요하고 노동자의 신체를 기계에 고정시키기 위한 산업 부르주아지의 많은 도구[2]가 이러한 공포의 증거이다. 사회적 관리[통제]의 발전은 막 탄생한 자본주의가 새로운 형태의 부의 등장(도시와 항구에 막대한 양의 상품 재고 축적, 공장 내에 매우 값비싼 기계의 설치)을 선도함에 따라 그리고 농촌에 소농지가 증가하여 떠돌이 생활과 절도를 더 이상 허용하지 않음에 따라 그만큼 필수적인 것으로 나타난다.[3]

---

1 자본주의/규율의 관계에 관해서는 *Dits et écrits*, t. II, pp. 431, 436, 466-467, 622; t. III, pp. 65, 233, 374; t. IV, pp. 185-189; 1973년 1월 17일 강의[「처벌 사회」]; *Surveiller et punir*, pp. 219-223을 보라.

2 자본주의적 착취와 관련한 노동자의 규율화에 관해서는 *Dits et écrits*, t. II, pp. 468, 612, 722; t. III, pp. 192, 306; 1973년 2월 21일, 1973년 3월 7일, 1975년 3월 12일 강의를 보라.

3 이 모든 분석은 법을 적용하도록 만드는 것으로서의 권력이 아니라 위법행위에 관한 변별적 관리로서의 권력이라는 개념화를 가정하는

7) 감옥과 범죄

그러므로 푸코에게서 행동의 교정 기술로서의 감옥의 설치는 고전주의 사회 내 규율 절차의 확대로 설명되는 것이다.[1] 그러나 이러한 테제는 감옥의 등장 조건만을 해명할 뿐이다. 여전히 우리는 19세기 사회에서 감옥의 실증적 기능을 이해해야만 한다. 아마도 이 지점에서 푸코의 답변은 매우 놀라운 것으로 드러날 것이다.

프랑스대혁명과 19세기의 다른 정치적 혁명들은 지도 계급에게 인민의 새로운 위법행위illégalisme, 즉 사회적 투쟁이라는 정치적 위법행위의 위험으로 다가왔다. 이 정치적 위법행위를 제거하고 배제하기 위해서 지도 계급에게는 부르주아지의 경제적 이해에 부합하는 또 다른 지배적 위법행

것이다(*Dits et écrits*, t. II, pp. 435-436, 467-468, 604-605, 689, 719, 723, 730, 743, 745; t. III, pp. 67, 88, 93, 170; *Surveiller et punir*, pp. 77-91; 1973년 2월 21일 강의「처벌사회」참조).

[1] 그래서 감옥의 탄생 조건들은 18세기에 인구의 풍속을 감시했던 영국의 통제contrôle 협회들, 자기방어autodéfense를 목표로 하는 평신도 자경단, 종교 공동체의 측면에서 탐구되거나(이 점에 관해서는 *Dits et écrits*, t. II, pp. 465, 596-600; 1973년 1월 31일 강의와 1973년 2월 7일 강의를 보라), 또는 프랑스에서 존재했던 (사법기관을 거치지 않고 왕의 편지만으로 투옥할 수 있는) 왕의 봉인장 제도의 측면에서 탐구되는 것이다. *Dits et écrits*, t. II, pp. 600-603; t. III, pp. 246, 340; 1973년 2월 7일 강의와 1973년 2월 14일 강의「처벌사회」참조.

위가 나타나야만 했다. 정치적으로[정치권력에 의해] 무력화된, 그리고 경제적 이윤의 원천인 이 위법행위가[1] 바로 범죄délinquance이다(돈이 없는 프롤레타리아트들이 매춘, 무기와 마약 밀매를 위한 돈을 손에 넣기 위해 범죄를 저지르게 되는데, 이를 통해 이득을 보는 것은 결국 부르주아지다). 감옥은 정확히 이 범죄 환경을 조성하고 동질화하며 통제하는 데 이용된다(왜냐하면 감옥으로 들어오는 사람들은 항상 같은 사람들이기 때문이다). 감옥의 실증적 기능은 바로 범죄의 생산인 것이다.[2]

3. 권력과 법

푸코는 규율 사회의 메커니즘을 연구하면서 권력에 관한 또 다른 이미지를 제시한다.[3] 푸코에게서[4] 권력은 타인을 희

---

1 그 예로 푸코는 범죄 환경에 처한 이들이 파업 방해 용역으로 고용되었다는 점을 보여준다.

2 규율/감옥/범죄의 사회적 체계에 관해서는 *Dits et écrits*, t. II, pp. 438-439, 469-470, 531, 689-690, 717-718, 724, 730, 742, 746-748; t. IV, pp. 93, 393-394; *Surveiller et punir*, pp. 261-299를 보라.

3 앞에서 우리는 이미 푸코가 표상의 관점에서 그리고 거짓의 관점에서 제시된 권력에 대한 모든 사유에 반대한다는 점(표상의 관점과 달리 권력은 신체에 작용하고, 거짓의 관점과 달리 권력은 참된 지식을 생산한다)을 보여주었다.

4 푸코에게서 권력의 존재 양식을 결정하는 최초의 요인에 대해서는

생시킴으로써 특권을 갖게 된 제한된 수의 인물들이 공유하는 그런 실체가 아니며, 또한 권력은 사회계급의 배타적 전유물이 아니다. 즉 반대로 권력은 (비록 권력의 흐름이 사회의 한 부분만을 위하는 방식으로 테크놀로지와 장치를 통해 관리[통제]되고 규제된다는 것은 명백하지만) 사회조직의 모든 영역과 깊이를 순환하는 것이다. 권력이란 몇몇의 수중에 있는 무언가가 아니라, 모든 이를 연결하면서도 동시에 분리하고, 이들이 대립하는 갈등 내에 이들을 모으기 위해 이들 사이를 통과하는 요소인 것이다. 하지만 이러한 힘[세력] 관계는 지배의 일면적 관계로 축소되지 않는다. 권력은 오히려 계급들 사이에 존재하는 너무나 광대한 대립들을 가로지르는 그리고 (비록 생산관계에 기반하고 있기는 하지만) 단순한 생산관계로는 환원될 수 없는 다중적 네트워크réseaux multiples에 관한 것이다. 곳곳에 권력의 다소간 복잡한 매듭들이 존재하지만, 어떠한 경우에도 권력은 제도들이나 장치들(국가 등)에 정확히 위치하지 않는다. 정부와 애인 사이, 감독관과 노동자 사이, 부모와 자녀 사이, 성 노동자와 성 구매자 사이, 선생과 제자 사이에서 독특하면서도 다면적인 수많은 권력관계가 형성된

Dits et écrits, t. II, pp. 313, 757, 799, 805, 812; t. III, pp. 92, 302, 406-407, 425, 533을 보라.

다.[1] 사회조직은 갈등적인 방식으로만 유지되는데, 이러한 방식으로 분열된 전략들stratégies은 서로에게 의존할 수 있으며, 이러한 방식의 전술들tactiques은 한 관계에서 다른 관계로 전파된다. 그러므로 푸코에게서 권력은 점유되는 것이 아니라[2] 작용하는 것이다.

푸코는 권력에 대한 실체론적 모델(사물로서의 권력)뿐만 아니라, 또한 권력관계에 관한 특권화된 독해 격자grille de lecture로서의 '법'Loi 모델도 반박한다.[3] 권력의 본질적 표현으로서의 '법'이라는 주제는 푸코로 하여금 계약론적, 법적 개념뿐만 아니라 맑스주의적 개념 또한 불편하게 느끼도록 만든다. 권력의 문제 설정이 공화주의적 틀 내에서 개인의 권리 및 국가의 의무의 확립으로 회귀하는 것, 또는 지배계급과 자본가계급에 의해 조직된 억압과 거짓에 대한 고발로 회귀하는 것은 항상 지배적인 (한편에서는 개인 간 합의의 원리로서, 다른 한편에서는 억압의 도구로서) '법' 모델 내에서다.[4] 이

---

1   이 모든 주제는 권력에 대한 사유를 국가로 그리고 단 하나의 정치권력으로 환원하려는 시도에 반대한다.
2   더욱이 권력은 양도되는 것도 아니다. 즉 푸코는 계약 이론을 거부한다.
3   규율 사회에 관한 분석에서 이미 권력의 기능이 위법행위의 관리, 분배, 배치로서 사고되었고, '법'에 관한 존중과 확인의 문제는 근본적으로 부차적인 것이 되었다는 것을 기억하자.
4   푸코에게서 권력에 관한 사유에서 '법'의 이론적 특권화는 직접적으

시점 이후로 푸코의 분석은 두 가지 비판적 방향을 취하게 된다. 한편으로는 (계약론에 반대하여) 권력이 '법'을 통한 평화적 질서의 정립과는 관계가 없으며 그 대신 권력은 영구적 전쟁이라는 점을 보여주는 방향, 다른 한편으로는 (맑스주의에 반대하여) 권력이 억압하지도 금지하지도 않으며 그 대신에 권력은 유발하고 생산한다는 점을 보여주는 방향이다.

1) 인종 전쟁

1976년 강의(「사회를 보호해야 한다」)[1]에서 푸코는 전쟁의 문제에 접근한다. 우리는 푸코에게서 권력관계가 전략, 전술, 힘[세력] 관계의 관점에서 사고되어야 한다는 점을 이해했다. 하지만 이 강의에서 푸코가 권력에 관한 하나의 이론을 발전시키는 것은 아니다. 오히려 이는 역사학자들의 텍스트 자체로부터 "시민의 질서는 근본적으로 전쟁의 질서이다"[2]

로 중세 말 이후 서구 사회에서의 국가 주권의 구체적 확립을 가리킨다는 점을 기억해야 한다.

1 이 강의는 알렉상드르 퐁타나Alexandre Fontana가 편집했다(Gallimard-Le Seuil, coll. "Hautes Études", 1994).

2 전략으로서의 권력이라는 개념과 법률 모델에 대한 거부에 관해서는 *Dits et écrits*, t. II, pp. 757, 772, 778; t. III, pp. 229-232, 257, 423; t. IV, pp. 183-184; 1973년 1월 3일과 10일 강의[「처벌사회」], 1976년 1월 14일 강의[「사회를 보호해야 한다」], 그리고 『성의 역사 1권: 지식의 의지』의

라는 사고를 발견하는 것이다. 17세기 영국에서는 토착민인 색슨족과 이들을 지배했던 노르만인 전쟁 귀족으로 나뉜 영국 사회라는 주제가 발전한다. 쿠크Coke나 셀든Selden 같은 역사학자들은 영국의 위대한 정치혁명을 색슨족의 피비린내 나는 복수로 읽어낸다. 루이 14세 시기 프랑스에서는 불랭빌리에Boulainvilliers 같은 (그리고 나중에는 프르레Freret, 뒤 뷔아-낭세du Buat-Nançay 같은) 역사학자가 골족과 로망족이 차지했던 땅에 대한 게르만족 출신 귀족계급의 정복 과정을 묘사한다. 이 골-로망족이 앞으로 프랑스 부르주아지의 대열을 계속 채우는 이들이고, 이 부르주아계급과 왕 사이의 모든 공모가 고귀한 프랑크족에 대한 배신으로 해석된다. 정치 질서의 모체로서의, 역사의 인식 격자로서의 인종 전쟁이라는 이 주제(1976년 2월과 3월 강의[「사회를 보호해야 한다」])는 혁명 이후 민족 통일의 증진을 위해 곧바로 사라지게 된다.[1]

마지막 부분을 보라. 푸코에게 정치는 다른 수단에 의해 지속되는 전쟁이다. 근본적으로 이는 홉스의 테제를 거부하는 것인데, 홉스에게 주권 권력Pouvoir souverain은 전쟁 상태로부터 벗어남으로써 형성되는 것이다.

1 우리는 나치즘에 의해 실행된 국가 인종주의가 [위에서 언급한] 이 푸코적 주제의 재등장이었다고 간주해서는 안 된다. 1976년의 마지막 강의[「사회를 보호해야 한다」](그 주제들은 『성의 역사 1권: 지식의 의지』의 마지막 부분에서 다시 등장한다)는 오히려 국가 인종주의를 토지와 부를 대상으로 삼는 권력도 아니고(이는 예전에 존재했던 주권 권력의 경우였다) 개인의 신체를 대상으로 삼는 권력도 아니고(이는 고전주의 시대의

2) 섹슈얼리티의 장치

푸코가 취했던 두 번째 비판적 방향(*La volonté de savoir*, Gallimard, 1976)은 권력을 억압적 심급으로만 보는 관점을 거부하는 것이다. 섹슈얼리티는 너무나 오랫동안 특히나 금지와 검열로 가득한 영역으로 (심지어 이전의 푸코 자신에 의해서도) 사고되어왔다. 사람들은 부르주아 가족이 섹슈얼리티를 최소 존재의 체제로, 즉 성에 대해 말하지 않으며 가장 조심스러운 태도를 통해서만 성을 실천하는 그러한 체제로 굴복시켰다고 말하곤 한다. 이러한 체계적인 억제frustration의 기획은 신체로부터 최대한의 노동력을 추출하기 위해 그 신체의 향락과 무용한 낭비를 거부하는, 그 당시 막 등장하고 있던 자본주의 체계와 공모한 것이었다고 여겨진다. 간단히 말하자면 이것이 바로 푸코가 비판하고자 하는 "억압 가설"[1]이다. 왜냐하면 사실 17세기 이래로 섹슈얼리티를 특징

규율 권력의 경우였다), 그 대신에 인구의 삶 자체를 대상으로 삼는 그러한 새로운 권력 유형의 표출로 이해하려고 노력한다. 이러한 의미에서, 그리고 아마도 역사상 처음으로 권력은 죽음에 대한 권리가 아니라 삶에 대한 관리[통제]로서 나타난다. 이러한 생명 권력은 자기에 대한 생물학적 강화를 위해 행해지는 타자(유대인)의 죽음이라는 테제를 통해 나치 국가의 인종주의 속에서 등장하는 것이다.

1 이 점에 관해서는 『성의 역사 1권: 지식의 의지』의 첫 번째 장과 *Dits et écrits*, t. III, pp. 90, 103, 259, 396 참조.

짓는 것은 섹슈얼리티의 체계적인 담론화이기 때문이다(「담론의 선동」 장). 성은 말해야 할 무언가가 되었다. 검열에 대해 말하기보다는 다양한 제도에 의해 조직된 담론이 수행하는 광범위한 촉진에 대해 말해야 한다('교회'와 육욕chair의 고백, 의학, 수음을 병리학의 관점에서 다루는 정신의학, 출생[률]에 대한 정부의 정책과 통치, 아동의 섹슈얼리티의 다형태적인 가정적 표현들에 집착하는 교육기관 등). 단번에 기독교적 사목과 사드의 글쓰기를 연결하는 이 거대한 담론적 폭발의 관점에서 언어적 금지는 부차적인 장치로서 나타날 뿐이다. 우리 서구 문화에서 성은 해야 할 무언가가 아니라 말해야 할 무언가이다. 우리는 다른 방식으로 이를 제시할 수 있다. "우리의 성을 가지고 무엇을 할 것인가?"(또는 오히려 섹슈얼리티를 항상 단순한 생식 기능과는 다른 것으로 만드는 이러한 섹슈얼리티의 과잉을 통해 무엇을 할 것인가?)라는 질문에 대해 많은 문명은 (동양의 몇몇 지역에서 존재했던 성애 기술의 구성이 보여주듯이) 쾌락의 도구라는 답변을 제시할 수 있다고 믿어왔다. 서양의 특수성은 아마도 섹슈얼리티를 욕망이 전개되는 장소 ― 동시에 욕망하는 주체의 진실을 드러내는 역할을 수행하는 장소 ― 로 만들었다는 점일 것이다. "당신이 어떻게 그리고 누구를 욕망하는지 나에게 말해라, 그러면 당신이 누구인지 말해주겠다." 이것이 서양에서 존재해왔던 섹슈얼리티의 장치일 것이다. 우리에게 성은 신체와 그 쾌락의 강도가 아니라 주체와 그 욕망의 진실을 쟁점으로 제시한다(「스키엔티아 섹수알리스」 장). 하지만 이는 우리의 섹슈얼리티가 인내의 해석학에 종속된 슬픈 것, 쾌락이 없는 것이라는 점을 의미하는 것은 아니다. 오히려 우리는 아마도 우리의 성에 대한 언어화라는, 쾌락의 새로운 형태를 발명한 것으로 보인다.[1] 여기에서 한 번 더 우리는 우리 서구 문화에서 등장한 섹슈얼리티에 대한 이러한 담론화가 섹슈얼리티의 새로운 형태들에 대한 체계적 갈구(즉 발명)라는 관점을 동반했다는 점을 지적해야 한다. 감추어진 섹슈얼리티의 형태들을 찾아내기를 원한다는 사실 그 자체로 인해 우리는 바로 그 섹슈얼리티의 형태들을 야기하게 되는 것이다(「성적 도착의 확립」 장). 우리는 성이 머무를 수 없는 장소 곳곳에서 성을 찾으려 하고, 이로 인해 결국 우리 스스로가 성을 그 장소에 위치시키게 된다고 푸코는 말한다. 18세기까지 법률은 결혼한 부부의 섹슈얼리티만을 인정했다. 이 지점에서 가장 두드러진 형태의 금지, 가장 엄격한 규칙이 작동했으며, 나머지는 더욱 혼란스러운 채로 그리고 어쨌든 덜 문제시된 채로 남아 있었다. 게다가 받아들여질 수 없었던 섹슈얼리

---

1   이 점에 관해서는 *Dits et écrits*, t. III, pp. 102, 132, 316 참조.

티 형태들의 경우(동물 성애, 남성 동성애, 시체 성애 등) 이 형태들에 대한 비판의 핵심은 규범에 대한 일탈이 아니라 규약code에 대한 위반을 비난하는 것이었다. 이와 반대로 19세기에는 성의 문제가 법률적인 성격의 것이었기 때문에 결혼한 부부는 더 많은 재량권을 가지게 된 반면 광인, 어린이, 범죄자의 섹슈얼리티는 법률적인 틀 안에 갇히게 된다. 다른 한편으로 사람들은 자연적 규범과 관련한 도착들을 발명해낸다. 호모섹슈얼리티와 반복적인 외도는 기존의 규약에 대한 단순한 위반이 아니라 타락한 본성에 속하는 것으로 간주된다. 신성화된 금기에 용감히 맞서 싸웠던 이들의 영웅적이면서도 우울한 위대한 몸짓의 시대는 끝나고, 이들에게는 화형과 고문이 기다리고 있었다. 이제는 걱정 가득한 가족들이 규범의 담지자인 정신의학자에게로 사소한 도착증자들을 진찰 보내는, 침울한 군중들의 시간이 도래했다. 일탈적 섹슈얼리티의 문제는 더 이상 재판관이 아니라 의사에게 속하는 문제가 된다. 결혼한 부부 바깥에 존재하는 문제적 섹슈얼리티의 폭발과 이단적 섹슈얼리티의 의학화라는 이 이중 운동은 결국 다양한 형태를 띠는 도착의 사회를 구성하게 된다. 이 두 가지 거대한 역사적 운동(수다스러운 섹슈얼리티와 도착적 섹슈얼리티)에 관한 서술은 다음과 같은 이중의 결론, 즉 금지된 섹슈얼리티의 역사라는 관념의 거부,

권력의 억압적 메커니즘이라는 이미지에 대한 비판을 가능
케 한다. 권력은 금지의 심급이 아니라 생산의 심급, 즉 섹
슈얼리티의 지식과 형태에 대한 생산의 심급이다.

4. 통치성과 진실 진술

　1978년 푸코는 "통치성"이라는 개념을 제시한다. 푸코에게
서 이 개념은 무엇보다도 "통치"라는 단순한 의미로만 존재
했던 개념이 르네상스 시기에 이루어진 개념의 확장과 활용
을 통해 새로이 의미할 수 있게 된 바를 이해하기 위한 것이
다. 하지만 이 통치성이라는 범주는 푸코의 분석 내에서 "권
력"이라는 개념을 대체하는 것처럼 보인다. 또한 이 개념은
(타자를 통치하기 위해서는 우선 자기 자신을 통치할 줄 알아야 한
다는 점을 지적하는 플라톤의 『알키비아데스』를 통해) 주체화의
실천에 대한 최후의 분석으로 이행하게 해준다. 이 문제에
처음으로 접근하면서 우리는 이를 다음과 같은 방식으로 이
해할 수 있을 것 같다. 사실상 푸코가 1970년대 전반기에 사
고했던 권력 개념은 수많은 수동적 기입점으로서의 지식과
주체성을 포함했다. 계보학을 행한다는 것은 어떻게 역사적
으로 규정된 권력관계들이 지식의 형태와 주체성의 형태의

모체들로서 작동하는지를 보여주는 것이었다. 예를 들어 규율 권력은 (규범과 맺는 관계에 의해 구성되는 주체로서의) 개인을 생산하고, 인간과학을 진실의 의례로 취한다.

반면 통치성의 문제 설정은 수많은 변별적 평면으로서의 지식의 형태들, 권력의 관계들 그리고 주체화의 과정들 사이의 절합이라는 관념을 제시해준다. 우리는 주체들에 대해, 그리고 지식의 도움으로 통치를 확립한다. 지식의 형태들과 자기 자신과의 관계[주체성]의 형태들은 점점 더 권력의 단순한 의족으로서가 아니라 통치성의 과정의 절합 지점들로서 사고된다. 이는 주체성으로부터 주어진 형태들 또는 규정된 지식들이 통치성의 특정한 과정들에 대한 저항의 역할을 수행할 수 있다는 점을 의미한다. 너무 무거운massive 권력 개념은 저항을 사고하는 것을 방해했다. 이러한 무거운 권력 개념에서 저항은 단지 힘[세력] 관계의 한 양태에 불과했다. 그러므로 이때에 권력에 대한 저항이라는 개념은 논리적으로 모순되는 것이었다. 왜냐하면 권력 내부에만 저항이 존재한다면 권력의 바깥에는 아무것도 없으므로 권력은 저항에 대립될 수 없기 때문이다. 이와 달리 우리는 **통치** 형태들에 대해서는 저항할 수 있다. 우리는 이러저러하게 통치받는 것을 거부할 수 있으며, [우리의 것과는] 다른 이론적 담론들로부터 또는 자기 자신과의 관계로부터 주어지는 통치 과정들과 결합된 지식의 형태들 또는 주체성의 형태들에 반대할 수 있다. 그리고 통치에 대한 이러한 새로운 개념으로부터 푸코는 자신의 고유한 작업을 저항점들의 도입으로 사고할 수 있는 것이다. 그런데 또한 통치라는 개념은 우리가 법률적 모델과 전략적 모델 사이의 이항 대립으로부터 벗어나 권력관계에 자유의 작용을 도입할 수 있게 해준다. "그러므로 권력에 고유한 관계 양식은 폭력과 투쟁의 측면에서 찾을 수도 없고, (기껏해야 도구가 될 수 있을 뿐인) 계약을 통해 형성되는 의지 관계lien volontaire의 측면에서 찾을 수도 없다. 그 대신 이는 통치라는 그 독특한 행동 양식 ― 전쟁에 관한 것도 아니고 법률적인 것도 아닌 행동 양식 ― 의 측면에서 찾을 수 있다. 우리가 권력의 작용을 타자들의 행동에 대한 행동 양식mode d'action sur les actions des autres으로 정의할 때, 우리가 타자들의 행동 양식을 인간들의 서로서로에 대한 '통치' ― 이 단어의 가장 넓은 의미에서 ― 로 특징지을 때 우리는 자유라는 중요한 요소를 여기에 포함시키는 것이다."[1]

---

1   "권력은 어떻게 작용하는가?", *Dits et écrits*, t. IV, p. 237.

1) 인구의 통치성(국가이성과 자유주의)

푸코는 1978년에서 1979년 사이에[1] 국가이성과 자유주의라는 두 가지 거대한 통치 형태에 대해 중점적으로 연구한다. 푸코가 제기한 문제는 통치의 합리성이라는 문제, 즉 통치가 그 자신의 실천을 사고하는 방식에 관한 것이다. 푸코에게서 고전주의 시대의 통치는 국가이성에 따라 기능한다.[2] 이러한 국가이성 개념은 통치가 자신의 행동 규약code de conduite을 초월적 규칙(천상의 도시에 대한 신의 통치라는 모델)이 아니라 그 실천의 내재성에서 찾는다는 점에서 꽤나 일찍이 논쟁적인 개념으로 간주되었다.[3] 국가이성에 의한 통치는 국가의 평화와 온전함intégrité을 유일한 대상으로 삼는다. 이는 중세 시대 전체를 지배했던 제국의 논리로 로마제국의 신화적 단일성을 재구성하기 위해 주변국을 정복하는 기획에 전념하는 것과는 더 이상 관계가 없다. 국가이성은 통

---

1   「안전, 영토, 인구」와 「생명 정치의 탄생」(éd. Michel Senellart, Éditions Gallimard-Le Seuil, 2004) 강의 참조.
2   국가이성, 치안, 외교-군사적 장치라는 계열에 관해서는 1978년 3월과 4월의 강의「안전, 영토, 인구」와 *Dits et écrits*, t. IV, pp. 149-161, 816-828을 보라.
3   이러한 점에서 국가이성 개념은 주권이라는 통치의 중세적 모델과는 대립된다.

치의 궁극적 목적으로 간주되는 국가의 보존을 보장하는 실천들의 집합(그리고 이 실천들의 과학, 즉 국가의 힘과 자원에 관한 인식으로서의 "통계학"이 가지는 중요성)을 포함한다. 그래서 우리는 어떻게 국가이성이 외교-군사적 장치dispositif와 치안police 장치라는 두 가지 주요 장치appareils를 갖출 수 있는지를 이해하게 된다. 첫 번째 요소[외교-군사적 장치]는 유럽의 균형이라는 관념과 관련된다. 30년 전쟁이 끝난 이래로 유럽의 국가들은 더 이상 정복의 논리를 유지하고 싶어 하지 않는다. 모든 문제는 유럽의 균형이라는 문제로 집중된다. 각각의 국가는 자신을 온전히 보존하려는 야심을 가지고 (각 국가를 보호하는 동맹의 체계를 목표로 하는) 외교와 (자신의 경계를 존중하도록 만들기 위한) 상비군과 (자신의 주권에 대한 훼손을 예방하기 위한) 전쟁 논리를 발전시키려 한다. 그러므로 국가 외부와의 관계에서 국가이성의 문제는 힘의 균형에 대한 문제이다. 반면 국내적으로 국가이성은 치안의 확립으로 표현된다. 고전주의적 의미에서 치안은 인간들이 형성하는 것, 즉 인간들의 활동(관습, 생산, 신체), 인간들 사이의 공존과 교통의 모든 형태를 대상으로 삼는 조직체이다. 치안은 국가를 위해 스스로를 살아 숨 쉬는 힘[노동력]으로 변형하는 인구의 평안을 보장해야 한다.

그런데 푸코는 18세기가 새로운 통치성을 확립한다고 지적한다. 이는 더 이상 최후의 목적으로서의 국가가 무제한적으로 자기 자신을 확립하려는 기획과 관련되지 않는다. 반대로 이는 국가의 개입을 위해 내재적 제한의 원리를 제시하는 통치이다. 곡물 가격의 예를 가정해보자. 곡물이 권위주의적 정치의 대상이라면 우리는 곡물의 부족을 겪을 것이다. 이와 반대로 우리는 곡물 가격이 자연적으로 정해질 수 있도록 수확과 판매에서 자기 규제가 이루어지게 해야 한다. 통치한다는 것은 시장의 자유를 최대한으로 지지해주고 국가의 명령이라는 형태로 가급적 적게 개입하는 것을 의미한다(1978년의 첫 번째 강의[「안전, 영토, 인구」]). 또한 우리는 통치가 해야 할 일은 결국 물건들의 진정한 가격이 시장 내에서 확립되도록 하는 것이라고도 말할 수 있다. 그러므로 통치해야 할 것들의 진실에 근거하는 통치라는 관념, 더 이상 국가를 강화시키는 것이 아니라 시장의 진실에 따라 스스로를 조정하면서(즉 권위주의적 개입을 스스로 더욱 제한하면서) 통치하는 방식의 통치라는 관념이 등장하는 것이다. 이것이 바로 자유주의와 정치경제학의 시대이다. 하지만 푸코는 단순히 18세기 자유주의의 탄생에 관해 연구하는 것만은 아니다. 푸코는 또한 전후의 독일과 미국의 신자유주의를 검토한다.[1] 우리는 어

---

1   이 점에 관해서는 1979년의 강의 중 2월 이후의 모든 강의를 보라[「생

떻게 18세기의 자유주의가 국가 개입주의에 의해 도입된 인위적 차원을 비판하면서 (자유주의가 생물 종의 차원에서 인구를 자신의 대상으로 삼았던 바로 그 생명 정치의 시기에) 시장의 자연성naturalité을 작동시키려는 시도로 나타났는지 보았다. 전후의 독일 신자유주의는 국가의 과잉 권력에 대한 비판에 기반하고 있다. 그것은 심지어 나치즘은 국가권력의 기괴한 돌출물로 완벽하게 설명된다는 점을 보여주려 한다. 그러므로 전후 독일의 통치에서 문제는 (나치의 유령이 재등장할 가능성을 배제하기 위해) 더 이상 국가의 확립에 의지하지 않는 통치성, 그리고 시장의 중립적 법칙에 기반해서만 사회적 통일성, 즉 사회 공동체를 건설할 수 있는 통치성[1]을 실행하는 것이다. 인정될 수 있는 유일한 국가는 어떠한 경우에도 규정된 경제적 목표를 도입하지 않으면서 단순히 시장의 법칙에 대한 존중만을 보장하는 그러한 법치국가이다.[2] 독일 신자유주의의 용어로 말하자면 모든 계획화, 모든 경제적 국가 계획주

명 정치의 탄생』].

1   이러한 새로운 통치성의 형식적 정의는 이미 (프라이부르크 학파와 학술지『오르도Ordo』를 중심으로 한) 전전의 독일 자유주의자들이 언급한 바 있다.

2   하지만 독일 모델은, 비록 모든 경제적 개입주의를 용납하지는 않지만, 시장의 자기 규제 메커니즘의 사회적 효과를 상쇄하기 위해 사회적 개입주의를 재빨리 확립한다.

의dirigisme는 전체주의적 결과라는 위험을 동반한다. 미국의 신자유주의는 아마도 푸코에게는 최후의 통치성 — [여기서는] 이해관계의 계산자로서의 호모에코노미쿠스homo economicus라는 정의로부터 주체의 가정된 합리성에 의지하는 통치성을 사고하는 것이 중요하다 — 으로 간주되는 것 같다. 미국의 신자유주의는 시장의 합리성을 통치의 첫 번째 소여 — 이 소여를 중심으로 (사회적 효과 또는 독점의 형성이라는 수준에서) [사회] 교정적 심급들을 구성하고 사회적 통일성을 구축한다 — 로서가 아니라 사회문제 전체를 해결할 수 있게 해주는 형식적 모델로서 정의하고자 한다. 사법 체계와 관련하여 정의를 위해 중요한 것은 예를 들어 범죄를 수요와 공급으로 환원하면서 범죄 시장에 개입하는 것이다. 이러한 실천들의 지평에서 규율적이거나 정상화하려 하는 사회가 아니라 차이들에 관한 환경[개입]적 행동과 최적화를 목적으로 하는 사회가 모습을 드러낸다.

2) 개인의 통치성(사목 권력에서 고백의 형태들로)

앞에서 살펴본 통치 형태들(국가이성과 [여러 형태의] 자유주의들)은 국가에 종속된 인구의 수준에서 작동했다. 하지만 푸코는 또한 개인의 특수성에 따라 자신을 조정하려 하는 통치 형태들에 대해서도 검토한다. 이러한 맥락에서 푸코는 사목 권력[1]으로부터 논의를 시작한다. 그는 사목 권력이라는 개념을 통해 항상 변화하는 인민의 안녕을 책임지고 개인에 맞추어 자신을 조정하려 하는 통치의 한 형태를 지시한다. 왕은 경계를 게을리하지 않는 빈틈없는 목자로 간주된다. 푸코가 고대 오리엔트 사회에서 찾아내는 이러한 형태의 권력은 이후 영혼에 대한 기독교적 통치를 특징지으며, 그리스 도시국가의 통치성과는 확연히 구분된다. 바로 이 사목 권력이 다른 품행을 선택할 수 있는 주체의 권리라는 형태로 최초의 거대한 저항들을 불러일으키는 것이다. 푸코는 사목적 통치성에 대한 주체의 이러한 저항을 비판적 태도라고 지시한다.[2] 영혼에 대한 기독교적 통치성은 푸코가 고백의 형태를 크게 두 가지로 구분하는 1980년의 강의들(2월 이후)[「주체성과 진실」]에서 상세하게 연구된다.[3] 첫 번째 고백의 형태(참

---

1 사목 권력에 관해서는 1978년 2월 중순 이후의 강의[「안전, 영토, 인구」]를, 그리고 *Dits et écrits*, t. III, pp. 548-550, 560-563; t. IV, pp. 136-148, 229-231을 보라.

2 이에 관한 핵심적인 주제는 1978년 5월 27일에 열린 프랑스철학협회 발표회에서 제출된 「비판이란 무엇인가?」라는 제목의 발표문에서 다루어졌다(*Bulletin* n. 2, 1990년 4-6월)[『비판이란 무엇인가? 자기수양』, 오트르망 옮김, 동녘, 2016 참조].

3 이 형태들에 관해서는 또한 *Dits et écrits*, t. IV, pp. 125-129, 295-306, 805-812를 보라.

회exomologèse)는 모든 기독교인이 자신의 죄를 고백해야 한다는 점에서 온전히 기독교적인 것이다.[1] 남김 없는, 강제된 그리고 규칙적인 고백의 차원에서 행해지는 자기 자신의 잘못에 대한 기독교인의 고백은 매우 뒤늦게서야 자리 잡을 수 있었다. 본질적으로 고해의 차원에서 규정되는 죄에 대한 고백은 원시 기독교에서 사실은 의례적이고 극화된 행위를 지시한다. 반면에 [두 번째 고백의 형태로] 의식[양심]의 지도자와 그 제자 사이에 존재하는 고백의 의무(*exagoreusis*)가 수도원에서 매우 일찍부터 확립된다. 하지만 이는 잘못에 대한 단순한 고백이 아니라, 다양한 형태로 변신하는 '타자('악마')'의 존재를 영혼에서 내쫓기 위해 지도자 앞에서 영혼의 모든 비밀스런 운동을 완전한 상태로 읽어내야 하는 의무이다. 수도원 내에서 젊은 수도사와 의식意識의 지도자 사이의 관계를 규제하는 이 모든 절차는 푸코에게서 헬레니즘 시대에 존재했던 높은 덕망을 가진 스승과 그 제자 사이의 관계와는 완전히 대립되는 것이다. 예를 들어 고대의 지혜에서 복종이 자기 통달을 향한 한 단계를 구성할 뿐이었다면, 지도자에 대한 기독교적 복종은 목적 그 자체가 되며 절대적이고 무조

---

1 하지만 참회는 또한 내가 도그마와 결합되도록 해주는 믿음의 행위 그 자체를 지시하기도 한다.

건적인 것이어야만 한다. 고대의 지혜가 제자를 사건들의 우연에 맞설 수 있도록 확고하면서도 견고한 자기 자신의 구성으로 이끌어야 하는 것과 달리, 의식의 지도자와 맺는 관계의 기독교적 형태에서 제자는 자기 자신에 대한 부정[포기]을 배운다고 말할 수 있다. 진실의 시험(왜냐하면 두 경우 모두에서 주체는 진실의 담론을 통해서 구성되기 때문이다)은 한편에서는[기독교적 형태] '타자'에 대한 복종과, 다른 한편에서는[고대적 형태] '자기 자신'의 자유에 대한 복종과 동일한 의미를 가진다. 푸코의 이 최후의 분석들은 결국 ['타자'에 대한 복종과 자기 자신의 자유에 대한 복종이라는] 두 가지 형태의 주체성을 대조한다. 이 두 가지 통치성의 형태로부터 필연적으로 산출되는, 주체들의 통치성이라는 의미로 처음에는 이해되었던 통치성 개념은 자기의 차원으로 회귀하려 하며 이 자기의 차원으로부터 재정의되고자 한다. 주체가 주체 자신으로부터만 취하게 되는 통치성의 형태들을 발전시키기 위해 개방되는 것, 그것은 바로 주체의 차원이다. 이때부터 자기의 실천은 역사적 경험을 구성하기 위해 권력관계, 그리고 진실의 담론과 결합될 것이다. 그리고 [자기의 실천, 권력관계, 진실의 담론이라는] 환원 불가능한 세 가지 차원이 이 결합으로 인해 정립된다.

3장 주체화의 실천

1. 후기 푸코의 수수께끼

1) 주체로의 귀환?

푸코가 말년에 행했던 최후의 연구들은 주체의 확정적 제거라는 1960년대의 단호한 선언 이후 그가 다시 구원적 주체로 귀환했음을 의미한다고 종종 간주되어왔다. 푸코의 최후의 연구들에서 우리는 갑작스러운 방향 전환을 보아야 하는가? 즉 그의 작업에 방향 전환이 필요할 정도로 내적 모순이 존재한다고 간주해야 하는가? 그의 최후의 연구들이 고대 그리스-로마라는 역사적 참조 틀을 취한다는 점 자체만으로도 이미 우리를 놀라게 하기에 충분하다는 점은 사실이다. 『광기의 역사』부터 『감시와 처벌』에 이르기까지 이전의 모든 저작은 르네상스부터 19세기까지의 서구만을 대상으로

삼았다. 푸코는『성의 역사』2-3권[1]에 삽입된 짧은 설명문에
서 그 이유를 다음과 같이 설명했다. "독특한 역사적 경험으
로서의 섹슈얼리티에 대해 말하는 것은 욕망의 주체의 계보
학에 착수하는 것, 그리고 초기 기독교 전통뿐만 아니라 고
대 철학으로까지 거슬러 올라가는 것을 전제한다."

콜레주드프랑스 강의들에서(특히 1970년 [「지식의 의지에 대한
강의」], 1978년 [「안전, 영토, 인구」], 1980년 강의 [「주체성과 진실」])
푸코는 이미 고대 그리스를 폭넓게 참조했다(그리스 법과 도시
의 통치 그리고『오이디푸스 왕』에 대한 연구). 그러므로 우리가 느
끼는 놀라움은 연구 기간의 선택 때문만은 아니다. "섹슈얼리
티의 역사"라는 관점하에 다시 통합시킨 이 모든 연구는 갑작
스레 주체 개념을 축으로 한 자연적 중력을 발견한 것처럼 보
인다. 푸코의 작업에 대한 회고적 독해를 통해 보자면 푸코
는 심지어 주체를 그의 모든 탐구의 중심에 위치시키는 것처
럼 보인다. "『말과 사물』은 어떠한 대가를 치러야 우리가 말
하는 주체, 노동하는 주체, 살아 있는 주체 등이 무엇인지를
문제화하고 분석할 수 있는지를 질문했습니다. 그리고 저는
범죄자와 형벌 체계에 대한 동일한 종류의 질문을 다음과 같

---

1   *L'usage des plaisirs*와 *Le souci de soi,* Gallimard, 1984[한국어판은『성의 역사 2:
쾌락의 활용』, 문경자, 신은영 옮김, 나남출판사, 2006과『성의 역사 3: 자기 배
려』, 이혜숙, 이영목 옮김, 나남출판사, 2006 참조].

이 제기했습니다. 범죄의 주체가 될 수도 있는 우리가 어떻게 자기 자신에 대한 진실을 말할 수 있는가? 그리고 바로 이것이 제가 훨씬 더 오래전 시기로 거슬러 올라가 섹슈얼리티에 관해 작업할 연구 지점이기도 합니다. 성적 쾌락의 주체인 우리가 어떻게, 그리고 무엇을 대가로 자기 자신에 대한 진실을 말할 수 있는가?"[1] 그러므로 여기에서 제기된 문제는 주체가 진실과 맺는 관계가 주체의 존재 자체와 강하게 연관된다는 점에서 진실과의 관계에서 주체의 역사적 구성에 관한 것이 될 것이다. 이 문제는 처음에는 지식, 다음에는 사회적 실천, 그리고 최종적으로는 섹슈얼리티의 차원에서 연속적으로 사고될 것이다. 하지만 우리는 푸코의 최후의 텍스트들 중 하나인『쾌락의 활용』서문으로부터 두 번째 유형의 정식화를 가져와야 한다. 푸코는 이번에는 "문화 내에서의 지식의 영역들, 규범성의 유형들, 그리고 주체성의 형태들 사이의 상관관계"로 이해된 "경험"을 이론적 대상으로 삼는다.[2] 그러므로 여기에서 우리는 이 경험이라는 개념을 중심으로 하는 푸코의 새로운 재중심화 기획을 발견하는 것이다. 30년간의 작업의 결과를 고려하여 푸코가 자신의 용어로 스스로 정의하

---

1   *Dits et écrits*, t. IV, p. 443.
2   *L'usage des plaisirs*, p. 10.

는 모든 기획은 진실의 작용(진실 진술véridiction), 권력의 작용 (법 진술juridiction) 그리고 자기 자신에 대한 관계의 작용(주체화) 사이의 역사적 주름으로 사고되는 경험들(광기, 범죄, 섹슈얼리티 등)에 대한 분석을 포함하는 것이다. 그러나 우리는 종종 변화를 겪는 이 끊임없는 정식화들을 통해 주체에 관한 일련의 연구에 착수하는 순간 푸코가 자신의 초기 입장들을 포기하기는커녕 정반대로 이 입장들을 체계화하는 수단을 발견하게 된다는 점을 이해하게 된다. 1960년대에 푸코가 주체 개념을 비판하고 오직 이 비판에 기반해서 구조주의에 대한 자신의 관계를 정립했을 때, 푸코가 비판의 대상으로 삼은 것은 바로 무역사적인 논리적 실체, 통일적 종합의 작동자opérateur, 의미 부여, 본래적 경험, 보편적 가치의 초역사적 담지자로서의 주체였다. 후기 저작들과 콜레주드프랑스 강의들(「주체성과 진실」, 「주체의 해석학」과 같은 그 강의들의 제목은 웅변적이다)에서 푸코가 소환하는 주체는 그 존재 방식이 완전히 역사적인(왜냐하면 이는 정확히 주체에 대한 계보학을 형성하는 것과 관련되기 때문이다) 주체, 그리고 자기 자신과의 관계로부터 결정되는 양태로서 경험의 세 차원 중 하나를 구성하는 것으로 사고되는 주체이다. 주체성의 역사적 형태들은 진실의 작용('지식')과 주어진 정상성의 형태('권력')와 함께 구성된다. 그러므로 주체성의 역사적 형태들은 푸코의 최후의 연구들에서 주체의 철학과 관련되는 것이 아니라, 고고학적이고 계보학적인 연구에 종결 원리를 부여함으로써 그 연구들을 완성하는 세 번째 차원으로서의 주체화 영역에 대한 개념화와 관련되는 것이다.[1]

푸코는 섹슈얼리티에 대한 질문으로부터 주체화의 역사적 양태에 관한 연구를 시작한다. 이 질문은 고전 그리스의 쾌락의 통달자maître로서의 주체, 쾌락을 자기 배려의 윤리에 재기입하는 헬레니즘적 주체와 자기 육욕chair의 담론적 운동에 집중하는 기독교적 주체를 거쳐, 의학화된 섹슈얼리티의 근대적 주체로 나아가는 이러한 주체의 역사를 사고하는 것을 의미한다. 하지만 성적 주체에 관한 이러한 계보학은 곧 존재의 기술에 관한 더 넓은 연구에 포함된다. 이 연구에서 중심적인 문제는 주체가 자신의 섹슈얼리티를 통해 형성하는 그 경험 안에서 전개되는 주체의 구성을 이해하는 것이 아니라, 윤리적 주체에 관한 일반적 문제화를 이해하는 것이다. 그러나 우리는 "윤리적 주체"가 도덕적 가치라는 문제에 직면한 주체라고 오해해서는 안 된다. 그 대신 우리는 이를 자기 구성(자기 자신과의 규정된 관계를 정립하는 기술과 실천)

---

1   푸코의 기획이 취하는 두 가지 정식화에 대한 분석을 통해 우리는 주체가 전체 연구를 결합하는 원리의 역할과 역사적 경험을 사고하기 위한 세 가지 축 가운데 하나의 역할 모두를 동시에 수행했다는 점을 확인할 수 있다.

이라는 심급 내에서 이해해야 한다. 하지만 헬레니즘 문화에서 최대치로 확장된 이 자기 수양에 대한 분석은 의식의 지도자와 그 제자 사이에 정립된 관계에 대한 연구를 통해 푸코를 진실 말하기dire-vrai와 진실의 용기의 문제, 즉 권력 체계 내에서의 진실의 언표 행위라는 정치적 문제와 언표 행위의 주체에게 열린 위험의 공간이라는 정치적 문제라는 영역으로 이끌어갈 것이다. 작동 중인 권력에 맞서기 위해 행해지는 이 진실된 말의 위상은 무엇인가? 그리고 이 말의 주체는 누구인가? 우리는 1970년대에 푸코가 수행했던 연구, 즉 인간과학을 권력 체계(규율)의 부수적 결과이자 동시에 그 연장인 참된 담론으로 분석하는 연구를 기억한다. 여기에서 진실된 말은 권력에 대한 저항의 역할을 수행할 것이다. 하지만 주체는 계보학적 연구에서 권력의 테크놀로지의 부산물이자 그와 관계된 것으로 한때 평가절하되기도 했다. 규율 메커니즘은 개인에 맞추어 자신을 조정했고, 개인을 그 신체적 행동의 미세한 결 안에 투입했으며, 개인의 신분증명서를 인간과학이라는 형태로 발급했다. 반면 1980년대에 자기 자신과의 관계는 권력 체계에 대한 가능한 저항의 형태로, 이전의 권력이 패배하는 지점으로 또는 권력이 한 형태로부터 다른 형태로 이행하는 지점으로 간주된다. 하지만 여기에서 우리는 푸코가 이미 확립된 권력의 제약을 통해서는 환원할 수 없는 법률적 원자로서의 주체성이라는 차원을 발견한 것이라고 말해서는 안 된다. 오히려 이는 어떻게 자기 자신과의 관계로서의 주체성이 통치성의 작용과 진실의 작용으로 인해 복잡화되는 주체화의 작용을 도입하는지를 보여주는 것이다. 하지만 이러한 작용들의 복잡화 안에서 (즉 이 작용들의 작용 안에서) 자유라는 것이 갑작스레 출현한다.

2) 계몽이란 무엇인가?

칸트의 짧은 텍스트(「계몽이란 무엇인가?」)[1]에 의지하여 푸코는 그가 말년에 더욱 명확하게 표현하게 될 이론적 기획을 소묘하려 시도했다. 칸트의 질문은 계몽, 그리고 더욱 정확히 말해 프랑스대혁명이라는 자신이 살던 시대의 사건을 직접적으로 다룬다. 이 텍스트에서 철학적 사유는 초역사적 본질의 결정 또는 참된 것의 형식적 조건의 결정이라는 과업이 아니라 현재의 진단이라는 임무를 지니게 된다. 게다가 계몽에 관한 칸트의 질문은 이성이 역사 내의 이성과 역사의 이성으로 동시에 드러나는 순간을 설명한다. 이러한 이중의 포

---

1   푸코의 이 텍스트 연구에 대해서는 *Dits et écrits*, t. IV, pp. 438, 448, 562-568, 679-688, 755-766를 보라.

함 작용은 푸코에게 현대적인 철학하기philosopher moderne에 관한 사유 공간을 제공한다. 하지만 우리의 현실태actualité를 문제화한다는 것은 합리성의 역사적 작용에 관한 성찰만을 다루는 것은 아니다. 푸코로서는 계몽에 대해 질문하는 것은 또한 결국 "우리는 누구인가?"[1]를 질문하는 것이다. 더욱이 푸코는 이 질문을 초역사적인 인간 본성과 그 본질적 진실에 대한 연구를 통해서는 해소할 수 없다. "우리는 누구인가?" 라는 질문은 "인간이란 무엇인가?"라는 질문과 동일한 가치를 갖는 것이 아니다. 여기에서 제기된 질문은 오히려 항상 독특하고 역사적인 존재 양식에 관한 질문이다. 이것이 "우리는 누구인가?"라는 질문이 비판적인 이유이다. "우리는 누구인가?"라는 질문은 일차적으로 우리의 정체성에 관한 계보학을 추적하고 이 정체성이 본질적인 역사적 불안정성 속에서 사고될 수 있도록 하는 것을 목표로 하는 일련의 역사적 연구를 가리키며, 그다음으로는 우리 자신의 윤리적 변형, 즉 새로운 주체성의 정치적 발명을 가리킨다.[2] "우리는

---

1 *Dits et écrits*, t. IV, p. 231.

2 이러한 점에서 그리스의 주체화 양식에 관한 연구는 우리가 따라야 할 모델들에 관한 기술description로서가 아니라, 주체성이라는 것을 역사적이고 부서지기 쉬운 것으로 드러나게 하기 위해 기독교적 주체성 바깥을 사고하려는 시도로서 간주되어야 한다(*Dits et écrits*, t. IV, pp. 574, 706).

누구인가?"라는 질문은 어떠한 역사적 종합으로부터 우리의 정체성이 구성되는가, 그리고 어떻게 우리가 다르게 존재할 수 있는가라는 두 가지 질문을 동시에 의미한다. 우리 존재의 역사성(이 지점에서 푸코는 니체의 위대한 교훈을 다시 취하는 것 같다)은 우리를 가치의 상대주의와 행동의 허무주의로 이끄는 것이 아니라, 우리가 존재의 새로운 양태를 발명함으로써 자유를 위해 싸워나갈 수 있도록 우리를 이끌어간다. "그러므로 나는 우리 자신에 관한 비판적 존재론에 고유한 철학적 에토스를 … 자유로운 존재로서의 우리 자신에 관한 우리 스스로의 작업으로 특징지을 것이다."[1]

2. 쾌락의 활용

1) 경험에 대한 문제화의 역사

1970년대 중반 푸코는 섹슈얼리티의 역사를 이야기했다. 이는 우리 현대의 심리학과 정신분석학이 소환한 욕망하는

1　 *Dits et écrits*, t. IV, p. 575(또한 자유라는 주제에 관해서는 pp. 597, 693, 711, 721, 728, 779를 보라. 푸코에게서 자유는 근본적 존재 양식으로 사고된 적이 전혀 없으며, 그 대신 통치성의 작용으로 사고된다는 점을 기억하자).

주체의 기독교적 근원을 찾는 작업이었다. 하지만 자신의 욕망의 담론을 구성(듣기, 탐구, 언표 행위)함으로써 자신의 성과의 관계를 매개하는 주체가 역사적 사건의 차원에 등장하도록 만들기 위해서 푸코는 필연적으로 육욕에 대한 기독교적 경험 자체의 내부로 다시 거슬러 올라가야 했던 것 같다. 이것이 푸코가 그리스의 텍스트들로 거슬러 올라간 것의 첫 번째 의미, 즉 욕망의 해석학이 아니라 쾌락의 통달maîtrise에 의해 구조화된 섹슈얼리티의 경험이 출현하도록 만들려 했던 것의 의미이다. 하지만 푸코가 1980년대에 행한 이러한 전환은 우리가 이미 보았듯이 연대기적인 것만은 아니다. 이는 동시에 주체화의 실천으로서 주체의 새로운 사유를 형성하는 수단을 찾는 것과도 관련되었던 것이다.

푸코가 제시하는 섹슈얼리티의 역사는 "행동"에 관한 역사도 아니고(이는 사람들이 어떻게 섹스를 했는지에 관해 질문하는 것과는 관계가 없다) "표상"에 관한 역사도 아니며(이는 사람들이 어떻게 성을 사고했는지에 관해 질문하는 것과는 관계가 없다), 윤리적 주체의 구성적 경험 양태에 관한 역사이다.[1] 그러므

---

[1] 푸코가 섹슈얼리티의 역사를 행동이나 표상의 역사, 또는 금기의 역사로 사고하기를 거부했다는 점에 관해서는 *L'usage des plaisirs*, pp. 10-11; *Dits et écrits*, t. IV, pp. 286, 381, 397, 610, 618, 674, 그리고 1981년 2월 3일 강의[「주체성과 진실」]를 보라.

로 푸코는 구체적인 성적 실천을 이해할 수 있게 해주는 문서고를 연구하는 것도 아니고, 쾌락과 영혼과 신체에 관한 철학적 이론을 연구하는 것도 아니다. 존재의 윤리적 구조화의 역사가 문제되기 때문에 우리는 무엇이 푸코에게 중요한 자료가 될지를 안다. 즉 그것은 존재에 대한 짧은 개론서, 좋은 품행에 관한 에세이, 삶의 기술, 주체가 삶의 양식을 제안받고 이에 관한 양태들이 구상되는 "보잘것없는" 모든 문헌이다.[1] 그리고 정확히 이 윤리 문헌의 차원에서 성적 품행의 문제가 제기되었다. 결국 푸코가 제시하는 금욕의 역사가 실천의 역사도 아니고 표상의 역사도 아니라면, 이는 또한 각각의 역사적 시기마다 야만적인 섹슈얼리티에 부과된 제약의 체계를 연구하는 "규약codes"의 역사는 더더욱 아니다. 만일 그랬다면 사실상 부정적 금지의 역사만이 있었을 것이다. 특히 이는 푸코에게서 그리스적 섹슈얼리티의 황금시대와 기독교적 섹슈얼리티의 억압적 체제를 대립시키는 것과는 전혀 관계가 없다. 반대로 푸코는 우리가 의무와 제한의 관점을 취하자마자 이교도와 기독교의 뒤섞임[2]을 맞닥뜨리게 된다는 점을 끊임없이 선언한다. 성행위의 위험성에 대한

---

1 존재에 대한 개론서에 관해서는 1981년 1월 14일 강의 [「주체성과 진실」]를 보라.

2 이 점에 관해서는 1981년 1월 7일 강의 [「주체성과 진실」]를 보라.

염려(성적 탐닉이 초래하는 [성적 에너지의] 점진적 소진에 대한 공
포), 결혼 관계에 있어 정조에 대한 찬양(코끼리의 훌륭한 섹슈
얼리티는 끊임없이 반복되는 모범적 예시이다),[1] 동성애자가 유발
하는 기이한 감정(여자같이 유약한 남자에 관한 염려와 조롱이 뒤
섞인 묘사), 진리로 향하는 길을 유일하게 제시해줄 수 있는
성적 절제에 대한 찬양, 이 모든 주제는[2] 모든 서구 역사를
관통하고, 그리스 의사들의 최초의 글들에서부터 헬레니즘
시대의 덕성의 스승들과 최초의 기독교인들을 거쳐 성 프란
치스코 살레시오François de Sales의 독실한 삶에 관한 논설에

---

1 코끼리에 관한 이 우화는 1981년의 첫 번째 강의(「주체성과 진실」]의
주제가 된다. 푸코는 어떻게 코끼리가 성적 미덕의 모델로 제시되었
는지를 상기시킨다. 코끼리는 아주 가끔만, 그것도 재생산을 위해서
만 자신의 짝에게 삽입을 한다. 코끼리는 항상 어둠 속에서만 자신의
결혼의 의무를 수행한다. 코끼리는 성관계 직후 몸을 씻기 위해 달려
간다. 즉 이는 정조와 절제에 관한 모범적 예시인 것이다(*Dits et écrits*, t.
IV, pp. 172-173 참조). 푸코는 코끼리의 섹슈얼리티라는 범례적인 신화
가 르네상스, 중세 그리고 헬레니즘 시대에서까지 발견된다고 말한
다. 그러므로 성생활에 관한 이 범례 안에서 이교도와 기독교인 사이
의 경계가 흐려지는 것이다. 우리는 성에 열광적인 이교도에 대립하
는, 섹슈얼리티를 제한하는 기독교적 모델을 다른 한편에 가지고 있
는 것이 아니다. 코끼리의 우화는 기독교인과 이교도를 결혼의 미덕
에 관한 찬양이라는 동일한 지점에서 서로 결합하게 만드는 것이다.
따라서 푸코는 이 강의에서 기원후 첫 두 세기에 존재했던 이교도 도
덕론자들에 의한 금욕적 성 윤리 — 기독교는 이에 관한 또 다른 의
미들을 제시하기는 해도 단지 그 유산을 상속받았을 뿐이다 — 의 구
성을 연구할 것이라고 선언한다.
2 *L'usage des plaisirs*, pp. 20-27에서 푸코는 이에 대해 설명했다.

이르기까지 반복되는 것처럼 보인다. 여기에서 우리는 성적 금욕에 관한 이 네 가지 주제가 푸코에게서 각 장의 지도 원리로 활용되는 네 가지 영역, 즉 신체와 의학적 요법(식이요법)과의 관계라는 문제, 배우자와 결혼 생활(경제적인 것)과의 관계라는 문제, 소년들과 교육법(성애적인 것)과의 관계라는 문제, 마지막으로 진실과의 관계라는 문제를 동시에 다루고 있다는 점을 기억해야 한다. 하지만 무엇보다도 금욕에 관한 이 네 가지 주제는 적어도 고대 문화와 관련해서는 사회적인 혹은 종교적인 금지를 다루지 않는다. 섹슈얼리티를 규제하고 허가와 금지를 구분하는 행동의 규약화는 발견되지 않는다. 사실 이는 고대 도덕의 관점에서 자유로운 인간, 즉 활발한 섹슈얼리티라는 불가침의 권리를 [이미] 성공적으로 부여받은 이들을 대상으로 하는 규정들이다. 사회적 관리[통제]의 수준에서 우리는 관용의 메커니즘과 마주하고 있다고 생각할 수도 있다. 하지만 실은 바로 이 허락된 성적 자유를 통해 열린 공간 안에서 제한의 요구가 표현되는 것이다. 그러나 이 요구는 금지의 규약이라는 형태를 취하는 것이 아니라 양식화stylisation라는 형태를 취하게 된다. 예를 들어 정조는 그것이 의무이기 때문이 아니라(혹은 간통이 금지되었기 때문이 아니라), 그것이 좋은 삶의 신호, 올바르게 관리된 존재의 신호인 한에서 권장되는 것이다. 섹슈얼리티에 관한 선택은 허가와 금지의 구분에 따라서가 아니라 존재의 미학에 관한 정전들에 따라서 작동한다.[1] 그러므로 우리는 야만적인 섹슈얼리티에 부과되는 금지의 체계를 인식 격자로 활용하는 역사의 한계를 이해하게 된다. 정확히 문제는 이미 언급된 문제화된 지점들(성행위, 간통, 동성애, 절제)이 규약과 금지의 형태하에 있는 독특한 역사적 경험(기독교) 가운데서 어떻게 구성되었는가이다.[2]

2) 쾌락과 통달

푸코가 육신의 쾌락과 고대의 사유에서 이루어진 이 쾌락의 문제화에 관해 제기한 질문은 윤리적 관점하에서 직접적인 방식으로 다루어진다. 그러므로 푸코로서는 사회적이거나 제도적인 심급들에 의해 제정될 수 있었던 행동이나 금지 체계의 규약을 연구하는 것도, 섹슈얼리티를 개념적으로

---

1 존재의 미학이라는 주제에 관해서는 *Dits et écrits*, t. IV, pp. 384, 671, 731; *L'usage des plaisirs*, pp. 16-17, 30을 보라.
2 아마도 여기에서 미묘한 차이를 좀 더 고려할 필요가 있을 것 같은데, 왜냐하면 푸코는 결국 카시앵Cassien이 수행한 죄의 언어화의 확립 전체를 존재의 규약화의 도입이 아니라 새로운 기술과 새로운 영역의 발명과 긍정적 열림으로 해석하기 때문이다(*Dits et écrits*, t. IV, pp. 306-307).

기입할 수 있었던 거대 이론들을 연구하는 것도 문제가 아니다. [또한] 역사 속에서 개인들이 실제로 행했던 성적 실천[예를 들어 성행위]의 역사를 쓰는 것도 더 이상 문제가 아니다. 푸코가 연구하고자 하는 것은 쾌락의 경험을 형식화하는 것, 자신의 성과 맺는 규정된 관계 속에서 주체가 구성되는 방식이다. 섹슈얼리티의 문제 설정은 자기의 정교한 구성élaboration du soi의 기술에 관한 더 일반적인 틀에 개입한다. 이러한 성적 경험의 주체화[1]는 분석의 윤리적 수준을 규정한다. (역사적 소여를 구성하는) 이 과정을 이해하기 위해서 우리는 푸코를 따라 다음과 같은 네 가지 관점의 연구,[2] 즉 윤리적 경험이 요청하는 개인 내 일부를 가리키는 윤리적 실체, 윤리적 개인이 행동의 규칙에 종속되는 의무의 양식을 특징짓는 예속화 양식mode d'assujettissement, 도덕적 주체의 구성을 위해 사용되는 기술들techniques의 수준을 규정하는 윤리적 작업, 마지막으로 윤리적 품행의 지평이 요구하는 이상을 가리키는 도덕적 주체의 목적론을 구분해야 한다. 이러한 네 가지 양태의 경험 수준에서 쾌락 윤리의 역사성이 출현한다. 또한

1   또한 우리는 외적 심급에 의한 주체화의 과정(인간과학에 의한 주체의 객관화)과, 고백의 형태들에 대한 검토에서부터 푸코가 연구하기 시작하는 자기 주체화autosubjectivation의 과정을 구분해야 한다.
2   이 네 가지 주체화 양식의 체계에 관해서는 *L'usage des plaisirs*, pp. 32-35; *Dits et écrits*, t. IV, pp. 396-400을 보라.

오직 이 지점에서만이 아프로디지아aphrodisia(사랑의 사물들)**1**의 그리스적 경험과 육욕의 기독교적 경험 사이의 이항 대립이 작동할 수 있다.

그리스적 경험은 아프로디지아를 "윤리적 실체substance éthique"로 제시한다.**2** 아프로디지아는 행위들을 가리키며, 여기에서 문제가 되는 것은 바로 이 사랑의 행위들이 경험하는 동역학dynamique이다(그러므로 구분 선은 동성애적 사랑과 이성애적 사랑 사이에서, 또는 허용된 행위와 금지된 행위 사이에서 그어지는 것이 아니라, 절제된 활동과 통제를 벗어난 활동, 또는 심지어 성행위에 있어서의 능동성과 수동성 사이에서 그어지는 것이다). 이 행위들은 그것들을 강력한 쾌락과 연결하는 원초적 자연성에 기입된다. 그러나 여기에 원죄라는 관념은 전혀 존재하지 않는다. 자연[본성]은 그저 행위의 근원에 항상 과잉의 위험을 지니고 있는 힘과 에너지를 주었을 뿐이다. 결국 아프로디지아라는 이 개념을 통해 나의 유한성과 죄의 지워지지 않는 표시로서의, 은밀하면서도 다양한 형태를 지닌 역량으로서의 욕망이라는 기독교적 주제로부터는 멀리 떨어지게 되는 것이다. 쾌락을 동반한 행위들은 고대 그리스에서 쾌락의 올바른[좋은]

---

1   이 점에 관해서는 *Dits et écrits*, t. V, pp. 215, 377-379, 672 참조.
2   *L'usage des plaisirs*, pp. 43-107.

활용을 위한 규제를 목적으로 하는 다음과 같은 기술들, 즉 사랑을 나눌 적절한 시기의 결정, 엄밀한 자연적 필요의 척도를 찾아내는 섹슈얼리티에 대한 요구, 통치자들에 대한 특별한 제한 체제의 부과를 만들어냈다. 사랑의 활동은 쾌락의 기술에 의해 규제된다. 그러므로 이는 올바른 섹슈얼리티를 위해 우리가 우리 죄의 기준을 규정하는 보편적 법칙에 복종하는 것이 아니라, 자연의 필요, 적절한 시기, 주체의 사회적 지위에 적합한 쾌락의 활용을 찾아내는 것을 의미한다. 또한 쾌락의 올바른 활용은 성적 절제가 승리의 표현이라는 점에서 절제에 관한 훈련을, 덕성이 자기에 대한 자기의 지배로 이해되는 자기 통달이라는 점에서 쾌락의 올바른 활용을 실천하는 이에게 자기 통달의 훈련을 요구한다. 정력 통달의 양식이 제시하는 이러한 자기 자신과의 관계는 기독교가 이후에 제시하게 될 작업, 즉 육욕concupiscence의 단편들을 파헤치기 위해 사고와 행위를 해독하는 작업과는 매우 동떨어져 있다. 결국 이 모든 자기 통치 작업은 그리스적 경험 속에서 참vrai으로의 접근을 유일하게 가능케 해주는 능동적 자유의 확립으로 나아가야 한다. 금욕의 기술이라는 지평 위에서 기독교가 제시할 형상들, 즉 자기부정이라는 형상과 제2의 탄생을 통해 되찾게 되는 처녀성이라는 형상은 자기의 품행을 올바르게 교정함으로써 달성 가능한 이러한 [그리스적] 자기의 승천assomption du soi과는 분명 다른 것이다. 기독교에서와 달리 그리스인들에게 있어 진실은 순수한 것이 아니라 자유로운 것이다. 그러므로 고대 그리스에서 기독교에 이르기까지 다음과 같은 주제, 즉 성행위가 초래하는 효과에 대한 동일한 공포, 정조에 대한 동일한 강조, 동성애자에 대한 동일한 불신, 성적 절제에 대한 동일한 찬양이 확실히 지속되는 것 같다. 하지만 이러한 외적 일관성 뒤에는 경험의 형태들 — 이 형태들 내에 제한의 체제들이 자리 잡는다 — 의 근본적 역사성, 그리고 제한의 체제들이 기능하기 위해 소환했던 윤리적 주체의 역사성이 존재한다. 그리스의 성적 절제austérité는 존재의 양식화의 주요 형태로 표현되며, 그 윤리적 주체는 자신의 쾌락에 대한 정확한 통달로 특징지어진다. 반면 기독교적 엄격함은 잠재되어 있는 자신의 욕망을 해독하는 일에 헌신하는 윤리적 주체를 허용과 금지를 활용해 규제하는 규칙들의 집합corpus을 사고하는 작업에 전념한다.

푸코는 존재 양식에 대한 그리스적인 정교한 구성과 금지의 규약에 대한 기독교적 복종 사이의 이러한 이항 대립을 섹슈얼리티가 문제화되는 구체적인 네 가지 영역에 대한 연구 전체에서 유지한다. 그리스의 의학 문헌[1]은 성적 쾌락에

---

1   *Ibid.*, pp. 111-156.

부여된 영원한 도덕적 죄악도, 합법적·불법적 행위들에 대한 규약화도 언급하지 않으며, 그 대신 성적 쾌락을 신체에 대한 신중한 배려 내에, 그리고 삶의 올바른 강도intensité와 그 합리적 관리를 보장하는 삶의 기술 내에 통합하려 한다. 그런데 우리는 혼외 섹슈얼리티가 그리스 남성들에게 어떠한 금지의 대상도 아니었다는 사실을 알고 있다.[1] 남편은 자신의 적법한 부인을 통해 혈통이 이어지는 것을 보장하는 것에만 신경을 쓰면 그만이었다. 그러나 푸코는 그 당시의 많은 글이 의무로서가 아니라, 재산 관리와 정치적 삶에서도 동일하게 표현될 절제의 표지로서 남편의 정조를 독려한다는 점을 지적한다. 반면 부인의 경우에는 그 지위상 남편에 대한 정조의 의무를 지닌다.

하지만 무엇보다도 강력한 문제화의 대상은 소년에 대한 사랑[2]이다. 푸코는 그리스인들이 커다란 관용의 대상이었던 소년에 대한 사랑을 특수한 본성을 가지는 욕망에 속하는 것으로 주제화한 적이 전혀 없다는 점을 지적한다. 반면에 그것은 고유의 존재 양식을 요하는 것으로 보인다. 소년에 대한 사랑에 관해 말하는 것은 무엇보다도 교육을 마친 성숙한 남

1   *Ibid.*, pp. 159-203.
2   *Ibid.*, pp. 207-248; *Dits et écrits*, t. IV, pp. 287, 387-388.

성과 좋은 출신 배경을 가진 어린 소년 사이에서 성립될 수 있는 관계에 대해 말하는 것이다. 그러나 이러한 관계의 틀은 자신의 신체에 대한 관심 또는 결혼 관계가 형성하는 원칙들과는 다른 원칙들을 요구한다. 푸코는 이러한 동성애적 관계가 관계를 끝내야 하는 시점에 대한 자각, 그리고 이 관계에서 본질적인 요소인 것처럼 보이는 불안정성에 대한 우려와 항상 연관되어 있다는 점을 보여준다. 하지만 여기에는 또한 사랑의 문제가 존재한다. 왜냐하면 결국 소년에 대한 사랑과 달리 결혼에서는 남편과 아내 사이에 사랑이 아니라 가족에 대한 올바른 통치와 번영을 위한 화목함의 계약만이 존재하기 때문이다. 노예 혹은 화류계 여성과 즐기는 성행위에는 욕구의 적절한 충족, 자신의 소유물에 대한 우월성의 적극적 행사만이 있을 뿐이다. 아마도 소년과의 관계에서만이 우리는 사랑의 작용에 관해 말할 수 있을 것이다. 하지만 이러한 관계에는 여전히 명예와 불명예라는 문제가 남는다. 성인 남성의 섹슈얼리티는 단지 능동적이고 숙달된 힘의 연장으로만 간주될 수 없다. 왜냐하면 여기에서 성인 남성의 사랑을 받는 소년은 장래에 도시에서 중요한 역할을 맡게 되어 있는 좋은 집안의 아들이기 때문이다. 자유인으로 태어난 이 소년이 바로 쾌락의 대상으로 구성되는 것이다. 푸코에게서 쾌락의 그리스적 경험은 (도시 남성들의 쾌락의 활용에 비추어) 그가 "사회적 동형성의 원칙"이라고 부른 것에 의해 구조화된다는 점을 상기할 수 있다. 이는 좋은 성적 관계의 조건은 그 활동이 항상 사회적 위계를 준수하는 방식으로 행해져야 한다는 것을 의미한다. 자유로운 성인 그리스인이 노예 또는 자신의 아내에게 삽입을 행하는 것은 본질적으로 영예로운 것이다. 이 경우 그는 자신의 능동적 우월성을 올바르게juste 활용하는 것이다. 반면에 그가 예를 들어 노예에게 삽입을 당하는 것은 불명예스러운 일이다. 이는 그러한 동성애가 비난받아 마땅한 것이어서가 아니라, 동형성의 원칙이 지켜지지 않아서이다. 좋은 집안 출신의 어린 소년은 노예도 아니고 아내도 아니다. 그의 열등함은 완전히 상대적인 것이다. 이 열등함은 유동적인 시간성 내에 기입되는 것이다. 어린 소년은 나중에 결국 능동적인 성인 남성이 될 것이기 때문이다. 그렇다면 어떻게 그가 아무런 문제 없이 그렇듯 단순한 쾌락의 대상이라는 열등한 지위를 받아들일 수 있겠는가? 그리고 성숙한 남성은 미래의 자유 시민의 남성다움에 대해 존중을 표해야 하지 않겠는가? 두 존재 사이에 사랑의 가능성이 발견되는 순간 아마도 그 불가능성 또한 돌연 나타나는 것 같다. 푸코는 이 강력한 역설 내에서 이 관계를 문제화하기 위해 일련의 성찰 — 미래의 자유인 남성인 이 소년의 명예를 지킬 수 있게 해주는 회피와 승낙 사이의 작용[놀이]을 기술하기, 절반의 동의와 절반의 거절 사이의 작용을 기술하기, 애인을 위해 자신의 역할을 성적 우월성의 행사만으로 환원하지 않는 보상과 약속의 체계 전체를 기술하기 ― 을 전개한다. 우리는 여기에서 동성애에 관한 근대적 사고를 동성애에 관한 그리스적 문제 설정과 구분할 수 있게 해주는 지점들을 보게 된다. 우리의 질문은 사실은 욕망의 주체 ― 남성은 어떻게 다른 남성에 대한 욕망을 경험하는가? ― 인 것이다. 그리스인들의 문제는 그 문제의 구조 자체에 있어 변별적이다. 즉 그리스인들이 우려하는 것은 쾌락의 대상이 가지는 지위인 것이다.

이러한 물음의 연장선상에 푸코는 섹슈얼리티의 문제 설정에 관한 마지막 주요 영역, 즉 진실과의 관계[1]를 위치시킨다. 그리스 문화는 쾌락의 활용과 진실에의 접근 사이의 관계를, 어떤 의미에서는 기독교가 육욕의 유혹과 진실로의 열림 사이의 관계를 결혼의 형태를 통해 제시하려 하는 것처럼, 동성애적 관계의 틀 내에서 사고하려 한다. 플라톤의『향연』에 등장하는 소크라테스적인 위대한 에로티시즘의 핵심은 사랑받는 소년의 존재에 대한 문제를 그 자체가 진실과의 관계로 해석되는 사랑의 존재로 대체함으로써 소년의 지위가 하락하지 않는 동성애적 관계를 사고하는 데 있어서 그리

1　　*L'usage des plaisirs*, pp. 251-269.

스 문화가 겪는 어려움을 해결하는 데 있다. 왜냐하면 거절과 동의의 작용과 다양한 보상의 작용을 동반한다 할지라도 성행위의 위치는 두 파트너 사이에서 환원 불가능한 비대칭성을 만들어낼 수밖에 없었기 때문이다. 플라톤의 제스처는 두 파트너 사이에 균형을 회복시켜주는 진실과의 관계의 위치라는 또 다른 매개적 위치에 자리 잡고 있다. 두 파트너는 각자 상대방에 대한 자신의 사랑 속에서 두 사람 모두를 초월하는 진실에 대한 공통된 사랑을 인정해야만 한다. 하지만 진실에 대한 사랑을 회복하는 일은 육신의 쾌락에 대한 포기를 거쳐야만 한다. 푸코는 기이하게도 동성애적 사랑의 문제 설정이 기독교적 금욕(무한정한 성적 절제의 이상)과 직접적으로 공명하는 주제들을 처음으로 제시한다고 지적한다. 하지만 만일 우리가 이 완전한 제한의 요구에서 사실적 관용의 문턱을 넘어 부과되는 주요한 금지의 효과를 본다면 이는 우리의 착각이다. 성행위를 포기하게 만드는 것은 소년에 대한 사랑의 과도한 양식화인 것이다.

3) 쾌락의 결혼 관계화

푸코는 기원후 첫 몇 세기 동안 신체, 아내 그리고 소년 사이의 관계라는 수준에서 발생했던 결정적 변화들에 관해

지적한다. 이미 성적 쾌락은 의학 논문에서 더욱 뚜렷한 불신의 대상이 되었던 것 같다.[1] 갈리앵Galien은 성행위를 유기체적 병리학의 복잡한 교차로에 위치시킨다. 우리는 생기vitalité의 관점에서 성적 절제가 명백한 효과를 가진다는 점을 인정한다. 그러나 이는 섹슈얼리티가 금지의 체제로 돌아간다거나 엄격한 규약화에 점진적으로 종속된다는 것을 의미하지는 않는다. 이는 단지 섹슈얼리티가 자기에 대한 관심attention à soi의 세심한 기술들에 기입되는 것으로 보인다. 성적 쾌락의 체제는 신체의 고유한 리듬에 관한 뚜렷한 염려만을 전제하는 것이 아니다. 즉 그것은 앞으로 지속적으로 요구될, 그 표상에 관한 영혼의 모든 작업인 것이다. 하지만 특히 결혼 관계[2]는 헬레니즘 시대에 또 다른 방식으로 문제화된다. 크세노폰, 플라톤, 아리스토텔레스의 텍스트들은 결혼의 의무를 시민의 의무의 거대한 조직 안에 기입해놓았다. 아내에 대한 남편의 정조는 그것이 자신의 쾌락을 잘 다스릴 줄 알고 더 나아가 타자를 통치하기에 적합한 절제력 있는 남성의 표지라는 점에서 권장되었다. 반면에 기원전 2세기부터 기원후 3세기까지의 텍스트들은 결혼

1　*Le souci de soi*, pp. 121-169.
2　*Ibid.*, pp. 173-216.

의 기술을 사회적 관계로는 환원 불가능한 것으로 정의하는 것 같다. 무소니우스 루푸스Musonius Rufus나 히에로클레스Hiéroclès의 텍스트들에서 우리는 결혼의 구조가 근본적으로 자연적인 것이라는 (인간은 본성적으로 결혼하는 존재라는) 관념, 결혼은 보편적인 규칙을 구성한다(이는 고전 시대에서처럼 결혼의 유리한 점과 불리한 점을 대조해보는 것만의 문제가 아니라, 심지어 철학적 삶이 결혼과 양립 가능한 것인가의 문제이기도 하다)는 관념, 결국 결혼한 부부의 삶은 함께 존재하는 기술art d'être ensemble을 전제한다는 관념을 발견한다. 결혼한 부부의 이러한 새로운 결합의 단위 안에서 남편의 섹슈얼리티는 새로운 규칙들에 종속된다. 우리는 고전 시대의 경험에서 남편의 혼외 섹슈얼리티가 무엇보다도 권리에 대한 능동적 행사와 구분되지 않았다는 점을 기억한다. 위법적 출생[즉 사생아]의 문제와 절제에 대한 요구만이 이 불가침의 권리를 제한했다. 그런데 우리는 푸코를 통해서 헬레니즘 시대 내내 존재했던 성적 관계의 "결혼 관계화conjugalisation", 즉 성행위가 결혼한 부부의 틀 내에서만 합법적이라는 관념이 점진적으로 확립되는 상황을 목격하게 된다.[1] 이전에는 남편의 경우 권장되었고 아내의 경우 강요되었던 정조

---

1 이 점에 관해서는 1981년 2월 21일 강의[「주체성과 진실」]를 보라.

는 이제 남편과 아내 모두에게 주어지는 상호적 의무로 간주된다. 이러한 관계의 틀 내에서 성적 절제는 자연스러운 것이 된다. 섹슈얼리티는 생식이라는 유일한 목적만을 가져야 하는 것으로 간주되고 쾌락의 논리와 절대로 동일 선상에 놓이지 않는다. 그러므로 고전 시대에 소년에 대한 사랑과 관련된 쾌락의 문제 설정이 지녔던 모든 강렬함은 결혼한 부부의 섹슈얼리티라는 지반 위로 이동한다. 두 개의 텍스트(플루타르코스의 『사랑에 관한 대화』와 사모스타의 루키아노스의 『사랑』)에서 푸코는 고전 시대가 참vrai의 교육적 변증법의 장소로 만든 동성애적 사랑[1]으로부터 사랑으로서의 지위를 박탈하는 것에 대해 검토한다. 푸코는 이 전투적 성격의 텍스트들이 여성에 대한 사랑은 동물적 욕망의 표현일 뿐이며 소년에 대한 사랑만이 진정한 것(덕성과 진실로의 입문)이라고 주장하는 관념을 비판한다는 점에 주목한다. 이제 사람들은 몇몇 보잘것없는 이론적 논의에서 가면의 역할을 수행하는 [어린 소년과 성인 남성 사이의 동성애적] 교육 관계의 위선을 비난한다. 결혼 관계는 순수한 사랑을 불러일으킬 수 있는 유일무이한 지위를 차지하게 된다. 플루타르코스에 따르면 결혼 관계에서 성적 쾌락은 폭력과 협잡을

---

1   *Ibid.*, pp. 219-266, 또한 1981년 3월 4일 강의 [『주체성과 진실』].

164

만들어내는, 성숙한 남성과 어린 소년 사이의 관계에 내재된 비대칭성과는 거리가 먼 아내와 우정 사이의 상호적 동의의 표지 아래에서 주어진다.

그러므로 우리는 헬레니즘 시대의 쾌락의 윤리적 경험에서 일련의 결정적 변화 — 성적 쾌락에 대한 강력한 의학적 불신, 결혼한 부부라는 유일한 단위에게만 쾌락을 허용하기, 동성애로부터 사랑으로서의 지위를 박탈하기 — 를 발견한다. 그러나 헬레니즘 시대에 성적 절제에 관한 주제들이 이렇게 강조되는 것을 금지의 확장이라는 관점에서 이해해서는 안 된다. 고전 시대에서 헬레니즘 시대로 이행하면서 변화하는 것은 쾌락 경험의 구조화 그 자체이다. 쾌락의 폭발적인 힘에 대한 공포, 정조에 대한 요청 그리고 교육적 차원에서만 어린 소년과의 관계를 유지하라는 권유는 자유 시민이 자신의 쾌락을 정력적 측면에서 통달하는 것이 이제 가치를 부여받게 되었다는 관점에서 이해될 수 있다. 헬레니즘 시대에는 이 성적 절제라는 주제 — 성행위에 대한 더욱 뚜렷해진 공포, 더욱 강력한 정조의 의무, 소년과 육체적 관계를 맺는 것에 대해 더욱 가혹해진 비난(또한 우리는 곧이어 기독교적 경험, 즉 결혼한 부부의 출산을 목적으로 한 성행위만이 정당성을 부여받는, 성행위를 악으로 간주하는 관점, 소년과의 관계에 대한 확고한 금지를 보게 될 것이

다) — 가 더욱 강화되기만 하는 것으로 보인다. 하지만 이러한 현상으로부터 단순한 강도의 변화를 보아서는 안 되며, 그 대신 윤리적 주체의 변화라는 표지를 확인해야 한다. 성적 경험은 더 이상 그 활동의 완성도가 평가 척도인 쾌락의 활용을 중심으로 문제화되는 것이 아니라 자기 배려[1]를 중심으로 (그리고 기독교와 관련해서는 주체의 해석학을 중심으로) 문제화된다.

3. 자기 배려

자기 배려는 고대 그리스가 개념화한 철학적 삶의 상당 부분을 차지하는 특징인 것 같다. 『변명』에서 소크라테스는 자기가 살아온 삶, 다시 말해 신들로부터 부여받은 임무이자 타자에 대한 이해관계intérêt와 자신에 대한 무관심désinté-ressement 속에서 수행한 임무인, 자신의 동료 시민들에게 자기 배려를 일깨우는 데 온전히 바친 삶을 자랑스러워한다고

---

1 자기 배려를 중심으로 성적 경험을 재구조화함으로써 우리는 아마도 결혼이라는 실천이 겪은 거대한 역사적 변화에 대한 미학화된 분석을 도출하게 될 것이다. *Le souci de soi*, pp. 90-100, 그리고 1981년 3월 18일 강의[「주체성과 진실」] 참조.

말한다. 푸코는 또한 8세기 이후 니사의 그레고리우스에게서 기독교적 금욕주의의 틀 내에 존재하는 이 자기 배려의 원칙을 다시 한번 발견한다. 그동안 자기 배려에 대한 요구는 에피쿠로스학파, 스토아학파 등 모든 학파에서 그리고 심지어 알렉산드리아학파의 영성(필론이 언급한 "고행자Thérapeutes" 그룹)에서도 지배적이었다. 게다가 자기 배려는 철학적 삶의 양식을 특징지을 뿐만 아니라 더욱 일반적인 사회적 실천을 포함한다. 플루타르코스는 다음과 같은 스파르타의 경구를 인용한다. 어느 날 알렉산드리아학파 중 한 명에게 왜 스파르타인들은 자기 대지의 경작을 노예들에게 맡기는지 물어보았다. 그는 다음과 같이 대답했다. "우리는 우리 자신에게 집중하기를 더 원하기 때문이지요." 자기 배려는 여기서 사회적 구별, 다시 말해 사회적 위계에서의 특권을 지시하는 실천으로서 사고된다는 점을 확인할 수 있다. 자기 배려가 고대 문화 내에서 이렇듯 놀라울 정도로 확장된다는 사실은 자기 배려를 윤리적 주체를 구조화하는 원리 그 자체로 만든다.[1] 하지만 푸코는 도덕적 경험 내부의 이러한 차원이 우리의 근대 문화에서는 그 중요성이 상당히 감소했다는 점을 지적한다. 자기 부인이라는 기독교적 주제, 본연의 사랑에 대

---

1   이 모든 점에 관해서는 *Dits et écrits*, t. IV, pp. 353-354를 보라.

한 고전적 비난, 이기주의에 대한 칸트적 규탄은 자기 배려의 주장과 도덕의 원칙들을 점진적으로 양립 불가능하게 만들었다. 그런데 철학적 경험의 수준에서 푸코는 자기 배려라는 주제를 대신하는 자기 인식이라는 주제가 점진적으로 특권화됨을 확인한다.[1] 철학적 삶의 영역에서 진실의 방법이라는 문제는 진실된 삶의 윤리라는 문제를 덮어버리게 되었다. 철학은 주체가 진실을 향해 열리기 위해 지불해야 할 비용에 관해서는 질문하지 않으면서 진실의 일반적 가능성만을 질문한다.[2]

그러나 고대 문화에 이토록 편재하고 있는 이러한 자기 배려가 항상 동질적인 모습으로 표현되는 것은 아니다. 푸코가 재발견하기 위해 노력하는 것이 바로 이러한 자기 배려의 역사인데, 이 자기 배려의 황금시대는 아마도 기원후 첫 두 세기일 것이다.

첫 번째 지표는 플라톤의 『알키비아데스』[3]에서 등장한다.

1 이 점에 관해서는 미셸 푸코의 *L'herméneutique du sujet*(éd., F. Gros, Gallimard-Le Seuil, 2001) 중 1982년 1월 6일 강의를 보라[한국어판은 『주체의 해석학』, 미셸 푸코 지음, 심세광 옮김, 동문선, 2007 참조].
2 하지만 푸코에 따르면 인식의 윤리적 차원(진실의 조건으로서의 금욕이라는 문제)은 포스트 칸트적인 독일 관념론의 상당 부분이 증거하듯 은밀하게 철학을 계속 사로잡는 것이다.
3 『알키비아데스』에 관해서는 *Dits et écrits*, t. IV, pp. 213-214, 355-356, 390, 789-792, 그리고 1982년 1월 20일 강의[「주체의 해석학」]를 보라.

이 대화에서 소크라테스는 알키비아데스에게 이제 그가 성인이고 정치적 임무를 맡으려 하므로 자기 자신에 대해 관심을 가져야 할[자기를 배려해야 할] 시간이 되었다고 말한다. 그러므로 자기 배려의 원칙은 서로 긴밀한 관계를 맺고 있는 조건들 내에서 제기되는 것이다. 중요한 나이(어린 소년의 지위에서 성인 남성의 지위로 이행하는 시기)에 이 원칙은 적합한 것으로 보인다. 소크라테스는 또한 알키비아데스에게 그가 미천한 교육밖에 받은 적이 없다는 점을 상기시킨다. 자기 배려의 급박함은 교육의 결핍 속에서 한층 더해진다. 소크라테스는 누군가가 타자를 통치하겠다고 주장한다면 그는 이미 자기 자신을 통치하는 방법을 배운 상태여야 한다는 점을 강조한다. 그러므로 자기 배려의 목적은 매우 명확한 것이다. 우리는 도시에서 중요한 직무를 수행할 수 있기 위해 자기를 배려하는 것이며, 자기 배려는 배타적으로 정치적 엘리트에게만 해당되는 것이다. 이 대화에서 우리는 항상 무엇이 자기 배려(행동의 주체)인지를, 그리고 무엇이 배려의 주된 형태(신적 요소에 반영된 영혼을 통한 자기 인식)인지를 배운다. 또한 자기 배려는 소크라테스에게서 의학적 활동(자기를 치료하는 의사는 자신의 신체를 돌보는 것이다)과 경제적 활동(좋은 경영인은 자기 자신이 아니라 자기가 소유한 것을 돌본다) 그리고 사랑의 활동(사랑의 배려는 신체를 대상으로 한다)과는 구분된다. 하지만 최소한 이 대화에서 자기 배려라는 문제 설정의 유효 범위는 여전히 성애적인 것(소크라테스와 알키비아데스 사이의 관계)임을 기억해야 한다.

플라톤의 대화에 관한 분석은 푸코에게 고전 그리스의 자기 배려의 문제 설정에서 적절한 요소들을 확정하기 위한 좌표점으로서만 기능한다. 이 대화에서부터 헬레니즘 시대의 심도 깊은 변화가 나타나기 때문이다.[1] 배려는 점점 더 무조건적인 요구로 간주된다. 우리는 일생에 걸쳐 자기를 배려해야만 한다. 자기 배려는 젊은 남성이든 나이 든 남성이든 성숙한 남성이든 모두에게 해당되는 영구적 의무가 된다. 자기 배려의 주요한 형태는 야망 있는 젊은 남성의 형상이 아니라, 은퇴의 한가로움 속에서 욕망으로부터 벗어나 자기 배려를 완성해줄 무언가를 찾는 나이 든 남성의 형상으로 주어진다. 그러므로 자기 배려는 엘리트에 대한 불충분한 교육 때문에 생겨난 공백 속에서 나타나는 것이 아니다. 자기 배려는 존재에 대한 끊임없는 교정correction이다. 자기 배려는 교육학적 모델보다는 의학적 모델로 개념화된다. 기원후 첫 몇 세기 동안 자기 배려는 일생 동안 주어지는 의무로

---

[1] 헬레니즘 시대의 자기 배려의 구조화에 관해서는 *Le souci de soi*, pp. 53-85, 그리고 1982년 1월 27일과 1982년 2월 3, 10, 17일 강의[「주체의 해석학」]를 보라.

서 그 중요성이 증대한다. 푸코는 또한 자기 배려의 일반화를 지적한다. 자기 배려는 더 이상 사회적 엘리트에게만 해당되는 것이 아니라 보편적 원칙이 되는 것이다(권리적으로 그렇게 되는데, 왜냐하면 사실상 자기 배려는 지속적으로 부분적 현상과만 결합되기 때문이다). 자기 배려의 두 번째 커다란 변화계열은 타자와의 관계이다. 『알키비아데스』에서 자기 배려는 (망각된 진실을 향해 영혼을 인도해주는 기억의 스승이라는) 타자의 개입을 요구했다. 분명 헬레니즘 문화에서 타자의 개입은 항상 필연적인 것으로 제시된다. 왜냐하면 우리는 혼자서는 세네카가 스툴티티아stultitia(자기 결함)라고 부른 것으로부터 벗어날 수 없기 때문이다. 자기 자신을 작업의 대상으로 구성하는 것은 우리에게 자기의 차원을 열어주는 스승의 개입을 전제하는 것이다. 이 자기의 스승들, 즉 주체성의 작동자들은 학파 내에서 이 개입을 행할 수 있다. 이것이 에픽테토스가 채택한 헬레니즘적 형태이다. 하지만 이는 또한 로마적 형태에서처럼 개인 조언자의 개입일 수도 있다. 로마적 형태의 경우 전문 철학자의 형상은 사라지고 그 대신 투박하고 거친 언어를 사용하는 지저분한 견유주의자의 형상이 등장한다. 자기의 스승은 사회화된 지혜의 위대한 대가로 간주되며, 영혼에 대한 그의 원조service는 더 넓은 사회적 의무의 조직 내에 기입된다. 하지만 자기 배려가 함의하는 타자와의 관계는 또한 복종의 전도라는 의미에서 변형을 겪기도 한다. 『알키비아데스』에서 자기 배려는 타자의 통치를 위한 예비적 조건으로서만 요구되었다. 반면 이후에 우리는 자기 배려의 자기 목적화autofinalisation라는 관념, 즉 나는 나 자신에 대해 관심을 가져야 하는데, 나 자신이 즐기기 위해, 나 자신에 대한 완전한 소유를 통해 안녕을 찾기 위해 관심을 가져야 한다는 관념을 발견한다. 자기에 의한 자기의 안녕이라는 관념은 영혼의 너머와 영혼의 불멸성에 관한 어떠한 문제의식도 참조하지 않는다. 자기와의 관계가 완성되는 것은 현재의 엄격한 내재성 내에서인 것이다. 그러므로 타자의 안녕은 심화된 자기 배려의 자연적 연속성 내에서 나타난다. 푸코는 우정에 대한 에피쿠로스적 개념화를 그 자체로 바람직하지만 그 원칙은 상호 유용성에 기반한 것으로 언급하며, 또한 신들로부터 임무를 부여받은 공동체적 존재라는 스토아주의적 개념을 언급한다.

자기 배려의 자기 목적화라는 이러한 관점은 자기로의 회귀conversion à soi라는 주제로 표현된다. 우리는 일반적으로 크게 두 가지 유형의 회귀를 구분한다. 한편에는 자기 자신의 기원적 조건에 대한 영혼의 자각이자 최초의 원천으로의 귀환인, 감각 세계와 관념 세계 사이의 이항 대립으로부터 인식을 통해 이루어지는 플라톤의 회귀가 있다. 다른 한편에는 자기 부인을 통한 완전한 단절, 급작스러운 변화, 영혼의 두 번째 탄생을 지시하는 기독교적 회귀가 있다. 푸코에 따르면 우리는 이 두 가지 거대한 문화적 모델 사이에 헬레니즘 시대 특유의 회귀를 위치시켜야 한다. 이러한 회귀는 세계의 내재성 내에서 이루어지는 해방으로서의 자기로의 회귀retour à soi를 함의한다. 이러한 회귀는 단절이 아니라 자기 주체화의 연속적 과정이라는 자기로의 회귀의 완성이자 완수이다. 그러나 자기 자신에게로 돌아감을 받아들이는 이러한 시선의 회귀는 나르시시즘적 관조의 형태 또는 자신의 불완전함에 대한 고통스러운 평가라는 형태를 취하지는 않는다. 이는 자기로부터 자기로 이어지는 궤적 내에서 유지되는 노력과 긴장이라는, 운동선수가 행하는 것과 같은 유형의 자기 자신으로의 집중과 관련된다. 이러한 운동선수가 행하는 것과 같은 집중은 세계의 모든 것에 대한 절대적인 회피, 자기 안으로의 침잠을 의미하지 않는다. 반대로 이 모든 자기 수양은 일련의 지식을 학습해야 함을 의미한다(에피쿠로스주의자의 생리학, 세네카의 『자연 탐구』에서 제시된 원인에 대한 지식 등). 자기 배려에 필수적인 이 지식들은 윤리 생산적인éthopoïétique 지식들이다. 이는 윤리적 태도 안에서 자기의 직접적 확장을 발견하는 지식이다. 그래서 스토아학파 내에서 '자연'에 관한 연구는 그 연구가 자기 배려를 완성시키는 작동자로 기능하는 한에서만 정당화되는 것이다. 세네카에게서 세계에 관한 이론적 탐구는 우리의 존재를 세계의 질서의 수직성에 다시 위치시키는 부감俯瞰의 관점을 전제한다. 플라톤주의가 인식 가능한 것의 영역을 관조하기 위해 감각적 세계를 우회하는 시선을 요구했던 반면, 세계에 대한 지식이 적용된 이래로 세네카의 스토아주의는 가벼운 물러섬의 운동(이 운동을 통해 나는 나의 존재를 세계의 통제된 흐름 내에 다시 위치시킨다)을 전제한다.

여기까지 우리는 자기 배려의 변화의 축들과 자기 배려의 내적 구조화를 검토했다. 하지만 자기 배려는 또한 일련의 구체적 실천들로 상술될 수 있다.[1] 이 실천들은 절제의 체제라는 형태, 그리고 신체를 인내로 이끄는 훈련이라는 형태를 취할 수 있다. 하지만 사유를 통한 훈련 시험 또한 존재한다. 우리는 에픽테토스에게서는 표상들에 대한 통제가, 다른 이들에게서는 미래의 불운과 죽음에 대한 명상이 존재한다는 점을 기억해야 한다.

하지만 고행은 또한 담론적 방어 도구équipement du discours의 형태를 취하기도 한다(이 담론 덕택에 우리는 어떠한 사건과도

---

1   자기 배려의 금욕론ascétique 전체에 관해서는 1982년 2월 24일 강의, 그리고 1982년 3월 3, 10, 17, 24일 강의[「주체의 해석학」]를 보라.

맞설 수 있다). 이는 회상réminiscence에 관한 것이 아니다. 이 참된 담론들을 제시하는 방식은 이 담론들의 소환을 위해 끈질긴 기억의 작용을 요청하는 추억하기의 방식이 아니다. 하지만 이 참된 담론들은 또한 기독교의 [해석학적] 주해에서와 같이 자기에 대한 평가와 고백의 기술들과 연결된 것도 아니다. 회상과 해석학 사이에서 헬레니즘 학파는 방어와 호신의 도구로서 담론을 활용하는 방식을 발명했다.

이 참된 담론들은 예기치 못한 것이 위협을 가할 때 직접적인 방어막으로서 기능하기 위해 통합되어야 하고 일치되어야 한다. 그러므로 이 담론들에 대한 전유 기술의 문제가 제기된다. 이 점에 관해서 푸코는 듣기에 관한 규제된 실천들(능동적 침묵의 규칙)과 글쓰기에 관한 규제된 실천들(반복적으로 깊이 성찰해야 할 인용문들의 모음을 형성하기)을 제시한다. 이 지점에서 처음으로 파레시아parrhèsia라는 주제(1982년 3월 10일 강의「주체의 해석학」])가 전개된다. 파레시아는 스승의 입장에서 제자의 침묵의 의무에 대응하는 것을 가리킨다. 스승은 제자에게 완전히 솔직하게 말하는 것, 즉 기독교적 고백의 구조를 통해 외로운 고행의 길 위에서 진실을 말하는 것을 원칙으로 삼는다. 이러한 파레시아, 스승의 솔직하게-말하기는 아첨(파레시아가 독립성을 목표로 할 때 아첨은 타자에 대한 굴종을 목표로 한다)과 레토릭(레토릭을 위해서는 진실이 아니라 설득이 중요해진다)이라는 두 가지 다른 형상과 대립된다.

4. 진실의 용기

1) 정치적 파레시아: 진실-말하기와 민주주의

푸코는 콜레주드프랑스에서 강의한 마지막 2년간의 연구
를 그의 생전에 출간된 저작과 논문에서는 더 발전시킬 시간
을 갖지 못했다. 그렇기 때문에 여기에서 우리는 콜레주드프
랑스에서 그가 전개한 커다란 주제들의 단순한 개요를 제시
하는 데 만족할 수밖에 없다.

파레시아는 우선 자신에게 주의를 기울이는 제자 앞에 선
스승의 말의 체제, 즉 아름답지만 전혀 쓸모없는 아첨 또는
치밀한 레토릭과는 대립되는 솔직한 말, 그리고 자기 통달
이라는 어려운 여정 앞에 선 제자에게 주어지는 단단한 지
팡이와 같은 직선적이고 직접적인 말을 특징짓는다. 플루
타르코스로부터 가져온 또 다른 텍스트는 우리에게 파레시
아의 범례적인 장면을 제시해준다.[1] 여기는 시칠리아의 시

1　1983년 1월 12일 강의 [「자기의 통치와 타자의 통치」].

라쿠스에 있는 디오니시우스 왕의 정원이다. 디온은 폭군에게 철학적 덕성의 원칙들을 깨닫게 해줄 수 있다는 희망을 품은 플라톤을 부른다. 대화 도중에 플라톤은 자신의 목숨을 걸고 폭군의 삶에 대한 자신의 경멸을 표현하기로 결심한다. 디오니시우스는 격노하고 플라톤을 노예형에 처한다. 파레시아는 진실에 관한 어떠한 말이다. 진실-말하기는 논증의 전략에도 속하지 않고 설득의 기술에도 속하지 않으며 교육학에도 속하지 않는 것이다. 진실-말하기가 그것을 언표하는 이에게 (죽음을 포함한) 위험의 공간을 제시해줄 때, 그곳에 파레시아가 존재한다. 또한 파레시아를 통해서 말하는 이는 자신의 담론의 참된 내용과 결합되는데, 이는 (고백에서와 같이) '타자'에 대한 복종의 형태로, 자기 자신의 안녕에 대한 희망으로 그러한 것이 아니라, 자유에 의해 구조화되는 자기와의 관계를 표현하기 위해서 자신의 죽음을 감수하는 위험 속에서 그러한 것이다. 그러므로 우리는 이 텍스트들을 통해서 솔직한 말, 진실의 용기라는 관념으로 번역할 수 있는 파레시아라는 이 개념이 진실을 말해야 하는 의무, 통치성의 문제 설정 그리고 자기 자신과의 관계라는 세 가지 항 사이의 교차점에서 갑작스레 출현하는 것을 보게 된다(푸코가 연구한 이 세 가지 거대한 차원은 파레시아의 경험으로부터 접히고 구성된다). 파레시아의 형식적 구성을 이끌어낸 뒤에 푸코는 에우리피데스의 비극에서부터 견유주의적 도발에 이르는 이 개념의 역사적 변화를 추적하려 한다(심지어 푸코는 더 나아가서 르네상스 시기 국가 지식이라는 이름으로 군주에게 전달된 대신의 연설, 계몽주의 시기의 볼테르적인 비판적 고발, 19세기의 혁명 담론 등에서도 파레시아의 구조를 찾을 수 있다고 암시한다).

고전 그리스 시대에 파레시아가 지시했던 것을 이해하기 위해서 푸코는 정밀한 방식으로 에우리피데스의 『이온』에서부터 자신의 연구를 시작한다.[1] 거기에서 우리는 아테네에서 파레시아의 권리를 부여하는 것은 토착민 어머니라는 사실을 배우게 된다. 에우리피데스의 단편에서 푸코는 파레시아에 대한 권리를 유일하게 부여할 수 있는 아테네적 모성을 스스로 증명하겠다는 이온의 고집에 주목한다. 아테네적 모성이 없다면 이온은 아테네를 폭군의 자격으로 다스리는 것이 된다. 그러므로 파레시아는 여기에서 폭정의 편익과 폭력을 거부하는 통치자의 솔직히 말하기franc-parler로 간주된다.* 파레시아는 고결한 인물이 솔직히 말하기를 활용함으로써 권력을 능동적으로 행사함을 가리키는 것이다.

---

1   1983년 1월 19일과 26일 강의[「자기의 통치와 타자의 통치」].
*   '솔직히 말하기'는 '진실-말하기', 즉 '파레시아'와 동의어로 보아도 무방하다.

푸코가 분석한 폴리비오스의 한 텍스트는 아테네 민주주의와 연관된 정치적 파레시아를 개념화하려 한다.[1] 우리는 민주주의를 인민에 의한 인민의 통치로 정의할 수 있으며, 또한 법 앞에서의 자유국가, 법치국가 그리고 평등국가라고 기술할 수 있다. 아테네 민주주의는 자신의 기초를 두 가지 원칙, 즉 이세고리아isègoria[발언의 자유]와 파레시아에서 찾는다. 이세고리아는 발언의 자유이며, 이는 아테네의 모든 시민이 그가 장인이든 전사이든 농부이든 자신의 의견을 개진하기 위해 의회에서 손을 들고 일어설 수 있는 가능성을 가리킨다. 파레시아는 민주주의에서 완전히 근본적인 말의 또 다른 활용, 즉 인민에게 참된 담론을 냉철하게 전달하는 탁월한 인물에 의해 행해지는 용기 있는 발언을 가리킨다. 이 발언을 통해 발언자는, 그것이 진실에 의해 규제되는 한에서, 타인에게 영향력을 행사할 수 있는 자신의 우월함과 능력을 표현한다. 우리는 파레시아의 예를 투키디데스가 전하는 페리클레스의 위대한 연설에서 발견할 수 있다. 그래서 파레시아는 우월함과 용기를 표현하는 민주주의적인 진실-말하기로 정의된다. 이러한 냉철한 정치적 연설의 가능성은 그리스 민주주의의 기초들 중 하나를 구성한다.

1 1983년 2월 2일 강의 [『자기의 통치와 타자의 통치』].

하지만 이러한 가능성은 항상 위협받는다. 푸코는 이소크라테스가 비난하는 나쁜 파레시아의 점진적 확산을 확인한다. 페리클레스 이후에 더 이상 진실이 아닌 하층민populace의 욕망에 의해 통제되는 말이 되어버린 파레시아는 진실의 용기가 아닌 성공의 욕망을 표현하며, 타자를 통치하기에 적합한 흔치 않은 인물의 우월함이 아닌 누구나 가지고자 하는 권력에 대한 의지를 나타낸다. 이는 민주주의에 대한 배신이며, 그래서 모든 정치적 연설은 추잡한 아첨이 된다.

파레시아는 곧 영향력을 획득하고자 하는 인물과 타자들 사이의 관계로 문제화되지 못하게 된다. 후기 아테네 민주주의에서 파레시아는 사실상 자신의 반대물로 역전된다. 정치적 연설은 비굴함, 환심을 사기 위한 저열한 욕망, 그리고 거짓말로밖에 번역되지 않는다. 그렇기 때문에 이를 깨닫게 된 플라톤은 파레시아를 그것이 의미를 갖게 된 장소인 민주주의적 환경으로부터 떼어냄으로써 파레시아를 재문제화하는 것이다.[1] 파레시아는 철학자와 폭군 사이의 사적 관계라는 틀 내에서 등장하게 된다(시칠리아의 디오니시우스가 등장하는 장면을 기억하자). 하지만 더 넓게 보아 플라톤 정치철학의 모든 위대한 주제는 민주주의적 파레시아의 실패 이후 진

---

1   1983년 2월 9일 강의 「자기의 통치와 타자의 통치」.

실과 정치 사이의 관계를 새롭게 사고하려는 시도로 이해할 수 있다. 『국가』(8권)에서 플라톤은 진실과 연계되지 않은 영혼과 도시국가는 혼란에 빠질 수밖에 없다는 점을 확인한다. 그러므로 파레시아(말의 자유)는 데마고기적 의미로서만 작동할 수 있다. 『법률』(3권)에서 플라톤은 (페르시아 왕국) 키루스의 통치를 언급한다. 주권자는 자신의 측근에게 완전한 말의 자유(파레시아)를 양도할 것을 보증한다. 그러므로 말의 자유는 전제적 제국의 원활한 작동의 보증자, 즉 결합cohésion의 원리로 등장하게 된다. 파레시아는 전제적 통치의 맥락에서 영혼을 대상으로 하는 고유한 철학적 활동이 된다.

하지만 더 넓게 보아 플라톤에게 있어 파레시아에 관한 새로운 문제화는 철학과 정치의 관계라는 문제를 새로운 방식으로 다루는 것이다.[1] 이 연구를 위해 푸코는 플라톤의 『편지들』을 다시 독해했다. 특히 푸코는 「일곱 번째 편지」에 주목한다. 「일곱 번째 편지」에서 플라톤은 시칠리아에서의 에피소드를 이야기하는데, 여기서 플라톤은 디온을 따라 디오니시우스 2세의 정원으로 간다. 플라톤은 이 폭군의 후계자를 따르기로 한다. 디온에 대한 우정 때문만이 아니라, 여

---

1   1983년 2월과 3월 강의 [「자기의 통치와 타자의 통치」].

기에는 소크라테스를 죽게 만든 아테네에는 더 이상 존재하지 않는 호기(*Kairos*)가 있기 때문이다. 하지만 특히 더욱 중요한 점은 플라톤이 여기에서 자신의 철학이 담론으로만 남지 않을 기회를 발견한다는 사실이다. 다시 말해 철학의 실재réel에 관한 문제가 제기되는 것이다. 즉 철학에 의해 수행되는 이러한 진실-말하기, 진실 진술의 행위는 정말로 담론의 구성에서, 이성(*logoi*)의 정식화 속에서 소진되어버리는 것일까? 플라톤은 이 「일곱 번째 편지」에서 철학적 진실 진술의 현실réalité이 권력에 대한 용기 있는 말 걸기adresse로부터 찾아져야 한다는 점을 제안하는 것이 아닐까? 하지만 또한 이는 철학이 좋은 대화 상대자를 찾고 그들을 알아본다는 것을 전제로 한다. 이러한 모든 듣기와 그 듣기의 진실-확인vérification의 작업은 철학이 자신의 현실을 발견하는 장소인 자기의 실천pratiques de soi을 위한 공간을 규정한다. 만일 디오니시우스 2세가 철학적 차원에 도달할 수 없다는 것이 바로 드러난다면, 이는 그가 철학자가 되는 것이 지식의 내용들을 늘어놓을 줄 아는 것에 달려 있다는 듯이 철학 개론을 쓰고 싶어 했기 때문이다.[1]

---

1   그러므로 푸코는 그가 데리다의 주장, 즉 사실상 플라톤이 문자 기록l'écriture을 거부하는 이유는 로고스에 대한 가치 부여 때문이 아니라, 반대로 철학의 실재réel를 완전히 다루지는 못한다는, 로고스

2) 견유주의 또는 스캔들로서의 진실

푸코는 이번에는 파레시아를 정치적 차원에서가 아니라 윤리적 차원에서 규정하려 시도할 것이라고 예고한다. 그의 출발점은 소크라테스이다. 소크라테스적 파레시아는 본질적으로 죽음의 원환 내에서(『변명』, 『크리톤』, 『파이돈』), 그리고 젊음에 관한 대화(『라케스』)에서 검토된다.[1] 푸코는 어떻게 소크라테스가 정치적 파레시아로 환원될 수 없는 고유하게 철학적인 진실-말하기를 확립하려 하는지를 보여주는 데 전념한다. 이는 타자의 자기 배려를 목표로 하는 진실 진술과 관련된다. 그것은 자기 존재의 위험을 무릅쓰고 행해지며, 어떠한 정치적 연단에서도 멀리 떨어져 있는 영혼의 시련이다. 타자의 자기 배려라는 이러한 사명은 용기 및 영혼의 확고함이라는 가치와 조화를 이루는 존재 양식에 의해 증명되어야 한다.

그런데 푸코에게 있어서 삶의 양식과 진실-말하기의 실천 사이의 바로 이러한 결합이 견유주의 철학의 핵심을 소크라테스적 파레시아의 연장선상에서 구성할 수 있게 해주는 것이

에 대한 전반적인 의심 때문이라는 주장을 받아들일 수 없다는 점을 확인한다(다시 말해 푸코에게 있어 철학의 실재는 오히려 자기의 통치 및 타자의 통치의 절합점 위에 놓여 있는, 자기에 대한 자기의 실천과 뒤섞이는 것이다).

1   1984년 2월 강의 [「진실의 용기」].

다. 견유주의는 교의적 내용이 최소한으로만 존재하는 철학적 운동이다. 구성된 명제들의 집합으로 발전된 견유주의 철학이란 존재하지 않는다. 견유주의는 푸코에게 있어 특히 공적이고 자유로운 말의 실천과 특정한 존재 양식으로 간주된다. 이 전통은 큰 통 안에서 살며 사람들 앞에서 자위하고, 군중에게 신랄한 조롱을 퍼붓고, 자신을 만나러 온 알렉산더대왕을 사생아 취급한 디오게네스의 기억을 간직하고 있다. 견유주의 철학자는 무엇보다도 거칠고 방랑자적이고 거의 동물적인 존재 양식으로 특징지어진다. 견유주의 철학자는 더럽고 가난하다. 그는 지나가는 군중을 폭력적인 독설로 거칠게 대하면서 자극적이고 조잡한 연설을 한다. 하지만 이러한 서술은 마치 견유주의에 두 가지 분리된 특징적 요소가 존재하는 것처럼 상대적 외면성 내에 존재 양식과 진실 말하기를 둔다. 더 정확히 말해 푸코에게 있어 견유주의는 자기 고유의 신체와 삶을 진실을 상연하는 극장으로 구성한다.[1] 이는 자신의 삶을 진실의 역설적이면서도 살아 있는 증거로 만드는 것이다. 푸코에 따르면 진실에 관한 존재의 체계적 주름을 대하는 이러한 견유주의적 태도는 기독교적 금욕주의뿐만 아니라 정치적 측면에서의 투쟁적 태도 또는 예술적 요구(견유주

---

1 1984년 3월 강의「진실의 용기」.

의의 동시대적 모체는 아마도 현대 예술일 것이다)에도 존재한다. 푸코에게 있어 견유주의는 "진실된 삶"을 발명한다. 견유주의는 진실이 존재하게 만들며, [역설적이게도 바로] 이를 통해 진실을 받아들일 수 없는 것으로 만든다. 아마도 참된 것은 감춰지지 않은 것일 것이다. 그래서 견유주의자는 (먹기, 사랑을 나누기 등) 모든 것을 공개적으로 한다. 참된 것은 또한 섞이지 않은 것이다. 견유주의자는 완전히 발가벗겨진 삶을 살아갈 것이고, 비록 가난이 자신을 추하고 비참하게 만들지라도 완전한 궁핍을 원할 것이다. 참된 것은 올곧은 것이다. 견유주의자는 자연만을 자신의 지침으로 삼을 것이고, 완전히 동물과 같이 행동할 것이다. 결국 참된 것은 지배적인 것souverain[주권자]이다. 견유주의자는 자기 스스로를 이 땅 위의 유일한 왕으로 선언할 것이다. 우리는 여기에서 견유주의의 작동 방식, 즉 삶을 영원한 스캔들로 만들기를 잘 볼 수 있다. 진실에 관한 이러한 극단주의적인 투쟁적 태도는 푸코에게 있어 철학의 기획 그 자체이다. 철학자는 아무런 근거 없이 도발하고 싶어 하는 취향 때문이 아니라 올바르고 좋은 삶을 살고 있다고 생각하는 사람들의 의식을 동요시키기 위해 자신의 삶을 진실에 관한 스캔들의 증거로 제시하는 사람이다.

그러나 파레시아의 역사는 이러한 찌푸린 형상에서 끝나는 것이 아니다. 푸코는 또한 기독교 내에서 파레시아가 변화하며 거쳐온 주요 경로를 추적하려 시도한다.[1] 그는 [기독교 내에서] 어떻게 파레시아가 참을 수 없는 오만의 기호로 비난받기 직전 오히려 신과의 충만한 관계를 지시했었는지를 보여준다. 하지만 푸코는 죽기 몇 달 전, 그리스 견유주의자를 이러한 보편적 감시자, 윤리적 인간성의 관리자로 정의함으로써, 아주 오랫동안 그에게 활기를 불어넣어주었던 이 [보편적 감시자, 윤리적 인간성의 관리자라는] 과업을 멀리서 지시해보려 한 것인지도 모른다.

견유주의자는 그가 진실을 충실한 경호원과 같이 지키기 때문이 아니라 참된 말들을 짖어대고 참된 말들로 물어뜯기 때문에, 그리고 진실을 따라 사람들을 공격하기 때문에 진실의 개라고 말할 수 있다.

1　1984년의 마지막 강의 「진실의 용기」.

결론

푸코는 배제된 광기의 역사, 죽음에 대한 수용의 역사, 사유 체계의 역사, 감옥과 전쟁의 역사, 고백과 주체의 역사, 쾌락과 육체와 욕망의 역사 등 여러 역사histoires에 대해 말하기를 멈추지 않았다. 푸코 스스로가 이를 어떠한 반어적 의미도 없이 다음과 같이 확인해주었다. "나는 허구fictions 이외에는 그 무엇도 쓴 적이 없다."* 우리는 이 책에서 단지 그 서사들이 차지하는 작은 공간들을 가능한 한 가장 충실하게 옮겨 오고자 했으며, 어떻게 개념들이 그 공간에서 서로 만날 수 있는지를 이해해보고자 하였다. 하지만 사변적인 거대 체계를 포기한 철학은 때로는 제대로 파악되지 않은 역사

---

* 여기에서 푸코가 이야기하는 허구는 기원의 대립항으로서의 허구이지 단순한 '픽션' 혹은 '거짓'을 말하는 것이 아니다. 또한 프랑스어 histoire에는 '역사'와 '이야기'라는 의미가 함께 존재하는데, 바로 뒤에 등장하는 '서사narrative'와 '이야기récit'라는 어휘는 이 histoire라는 어휘와 공명한다.

적 자료를 성급하게 끌어와 쓰인, 그리고 상황의 필요로 인해 요청된 개념들을 자신의 주위에서 결합하는 방식으로 쓰인 다소 신화적인[거짓된] 이야기récits의 구성으로 환원되는 것은 아닐까? 그러나 이러한 허구의 구성 작업 속에서 푸코는 "특수한" 지식인으로서의 임무를 수행하고자 했다.[1] 우리는 철학을 한다는 것이 갖는 현대적 임무라는 표현을 통해 푸코가 의미하고자 했던 것을 다음과 같이 몇 개의 슬로건으로 요약해볼 수 있다. 은폐된 권력관계들을 비판하기, 저항을 촉발하기, 너무 자주 억압되어온 목소리들이 스스로를 표현할 수 있도록 하기, 지배적 통치성에 반대할 수 있는 진실된 지식들을 생산하기, 새로운 주체성을 발명하기, 우리의 자유와 행동의 가능성을 위해 투쟁하기, 우리의 지식 체계들과 권력 체계들, 그리고 주체성의 체계들의 역사성이 출현하도록 만들기, 우리에게 숙명적인 것은 존재하지 않는다는 것을 보여주기, 요컨대 우리의 삶을 바꾸기. 푸코는 역사, 즉 우리가 어떠한 존재였는지, 그리고 우리가 더 이상 어떠한 존재가 아닐 수 있는지를 말하는 역사를 말함으로써[2] 이러한 임무

---

1 보편적 지식인에 대립되는 특수한 지식인에 관해서는 *Dits et écrits*, t. III, pp. 109-114를 보라.

2 따라서 푸코는 단 하나의 비판적 움직임으로 역사의 세 가지 의미, 즉 이야기로서의 역사, 지식의 영역으로서의 역사, 행동의 차원으로서의 역사를 연결시킨다.

를 완수하려 했다. 그리고 이를 통해 푸코는 니체적 도발의 메아리 속에 자리한다.

니체는 우리에게 기원의 부재를 가르쳐주었다. 다시 말해 잃어버린 진실을 찾는 과업, 감추어진 우리의 정체성과 순수한 의미라는 원초적 고향으로 돌아가는 길을 따라가는 과업, 손상되지 않은 시초로부터 '존재'를 복원하는 영웅적 과업을 우리의 철학적 의식에 부여할 수 있는 모든 토대는 존재하지 않는다는 사실을 가르쳐주었다. 그러므로 기원의 부재라는 이러한 선언 뒤에 등장하는 것은 바로 미래의 발명이다. 사르트르는 이를 이해했던 최초의 인물들 중 한 명이었지만, 그는 곧바로 이러한 부재에 상응하는 어떠한 존재론을 다시 구축하려고 시도했다. 푸코는 이와는 다른 방향으로 나아간다. 기원의 부재 속에서 확장되는 것은 바로 허구의 다수성multiplicité이다. 기원도 토대도 없기 때문에 우리는 철학이 궁극적 의미를 산출하는 하나의 단위라고 더 이상 주장할 수 없다. 하지만 그 대신에 철학은 우리가 우리 자신을 되찾는 것이 아니라 우리 자신을 새롭게 다시 발명할 수 있도록 해주는 이야기들을 만들어낼 수 있다.

형이상학적 체계를 대신하여 정치적 허구가 그 자리를 차지하게 된 것이다.

옮긴이의 말

여기, 미셸 푸코의 사상 전체를 다루는 입문서를 번역해
소개한다. 이미 푸코에 대한 소개가 충분히 이루어졌다고
생각하는 이들에게 또 한 권의 입문서를 출간하는 것은, 게
다가 푸코의 논의들을 요약하고 정리한 것에 불과해 보이는
책을 번역해 소개하는 것은 그다지 큰 의미가 있지 않은 것
처럼 느껴질 수도 있을 것이다. 하지만 이 입문서는 겉보기
와 달리 비상한 이론적 가치를 지니고 있다. 이 점은 독자들
스스로 이 책을 읽어나감으로써 충분히 간파할 수 있을 것
이므로 여기에서는 아주 간단한 해명을 통해 이 책을 번역,
소개하는 데 대한 정당성을 확보해보려 한다.

1.

내가 이 책을 번역하기로 결정한 이유는 다음과 같다. 나
는 프랑스에서 푸코와 맑스에 관한 정치철학과 박사학위논

문을 쓰면서 푸코에 관한 두 권의 책을 마치 어학 공부를 위한 사전처럼 끊임없이 참고했는데, 하나는 프랑스의 저명한 정치철학 연구자 쥐디트 르벨Judith Revel이 집필한, 그리고 애석하게도 아직 한국어로 소개되지 않은 『푸코 사전Dictionnaire Foucault』(Ellipses, 2007)이고, 다른 하나는 프랑스의 저명한 푸코 주석가 프레데릭 그로가 쓴 이 책 『미셸 푸코』이다(그로를 연구자가 아니라 주석가라고 표현한 이유는 뒤에서 간접적으로 설명할 것인데, 이는 정치철학 연구자로서 그로의 가치를 평가절하하기 위함이 전혀 아니다). 내가 이 두 책을 끊임없이 참조한 이유는 이 책들이, 그중에서도 특히 이 책 『미셸 푸코』가 푸코의 철학 전체를 매우 체계적으로 정리하고 있기 때문이다. 푸코 연구자로서 내가 판단하건대 한국어로든 프랑스어로든 영어로든 이 책보다 엄밀하고 경제적인 (그래서 매우 아름다운) 방식으로 푸코 사상 전체를 요약, 정리한 책은 없다(물론 나의 이러한 판단에 상당한 주관이 개입되어 있다는 점을 부정하지는 않겠다). 여기에서 '엄밀하고 경제적인 방식'이란 이 책이 일반 독자들에게는 푸코 사상에 입문하기 위한, 전문 연구자들에게는 푸코 사상을 연구하기 위한 가장 정확하면서도 중립적인 길로 인도하는 길잡이가 된다는 것이다.

하지만 무엇보다도 특히 연구자들에게, 이 책은 푸코 사상에 대한 가장 논쟁의 여지가 덜한 해석을 제시해준다. 그 어떠한 연구서 또는 주석서도 '푸코의 푸코'의 초상화를, 그러니까 푸코 그 자신의 초상화를 그릴 수는 없다는 점을 십분 인정한다 해도, 최소한 가장 논쟁의 여지가 덜한 해석을 제시하는 것은 일정 정도 가능하다. 그리고 그러한 작업이 가능하다는 점을 이 책은 본문 전체를 통해 탁월한 방식으로 입증하고 있다. 이 책을 읽고 독자들 스스로 판단하겠지만 한 사상가, 그것도 미셸 푸코와 같이 깊고 넓은 사유를 전개했던 사상가의 사상 전체에 대해 이 정도 수준의 입문서를 쓴다는 것은 정말 어려운 일이다. 푸코 사상 전체를 완전히 장악maîtriser/master하고 있지 않다면 이런 책을 쓰는 것은 전혀 불가능하다.

2.

이 책은 푸코 사상에 입문하고자 하는 일반 독자에게도 보석 같은 책이지만, 특히 푸코 사상에 어느 정도 익숙한 연구자들(꼭 철학 전공자가 아니라 해도 다양한 분야에서 푸코 사상을 분석 도구로 활용하고 있는 인문·사회과학 연구자들)에게도 매우 유용한 책이다. 이는 앞서 언급했듯 이 책이 푸코 사상에 관한 가장 논쟁의 여지가 덜한 해석을 제시하고 있기 때문인데, 이를 통해 이제 한국의 푸코 연구자들은 푸코 사상을 둘러싼, 혹은 푸코 사상을 활용해 전개되는 다양한 작업을 둘러싼 논쟁을 위한 공통의 기반을 가지게 되었다. 달리 말해 이제 우리는 미셸 푸코의 철학적 유산을 상속받기 위한 우리의 논쟁의 장을 지탱해줄 공통 기반을 가지게 된 것이다.

한국에 푸코 사상이 수용된 지 거의 30여 년이 흘렀지만 푸코의 저서들 또는 푸코 관련 저서들의 번역 현황을 봐도 그렇고, 푸코 사상 자체에 관한 한국의 연구서들 또는 입문서들의 현황을 봐도 그렇고, 푸코의 사상을 이론적 배경으로 하는 한국의 인문·사회과학 내 경험 연구들의 현황을 봐도 그렇고, 푸코의 사상이 한국에서 생산적인 방식으로 여행하고 있는지는 전혀 확실치 않다. 내 생각에 그 핵심적인 이유는 푸코의 사상 자체에 대한 연구가 한국에서 충분히 깊이 있게 이루어지지 않았기 때문인데, 특히 한국어로 된 푸코에 대한 변변한 입문서가 여전히 거의 없다는 점이 이를 증명한다. 푸코 연구자조차도 푸코 연구 현황을 파악하기 위해 푸코 입문서를 찾아 읽으며 그로부터 많은 것을 배울 필요가 있다. 입문서는 일반 독자뿐 아니라 인문·사회과학 연구자들에게도, 심지어는 푸코 연구자들에게도 매우 필수적인 도구이다. 그렇기 때문에 좋은 한국어 입문서가 거의 없다는 점은 한국에서의 푸코 사상 여행에 큰 장애로 작용할 수밖에 없다. 앞서 언급했듯이 논쟁을 위한 공통의 기반 없이는 학문의 발전이 불가능하다. 그런 면에서 이 책의 출간이 좋은 푸코 입문서에 대한 갈증을 해소해주기를 희망하며, 특히 인문·사회과학 연구에 밑거름이 되어주기를 기대한다.

3.

푸코 사상 전체에 대한 체계적이고 정확한 이해를 바탕으로 쓰인 이 탁월한 책에 대해 내가 여기서 또 하나의 해석을 덧붙이는 것은 적절치 않다고 생각한다. 그럼에도 어떤 점에서 이 책이 푸코 사상에 대한 가장 논쟁의 여지가 덜한 해석을 제시했는지에 관해서는 지적하고 넘어가야 할 것 같다. 이 책은 현재 출간 작업이 거의 막바지에 이른 푸코의 미출간 텍스트들도 상당 부분 다루고 있는데, 그 모든 텍스트를 상당히 균형 있고 중립적인 방식으로 해석함으로써 푸코에 대한 '일원론적' 해석이라 부를 수 있는 것을 제시한다. 이 책의 정리와 요약 방식을 통해 우리가 파악할 수 있는 가장 분명한 그로의 '주관적인' 해석 틀은 바로 푸코 사상에 전회란 존재하지 않는다는 것이다. 푸코는 초기에서 중기를 거쳐 후기에 이르기까지 단 한 번도 사상적 전회를 겪은 적이 없으며 단지 자신의 철학적 사유 대상에 대한 탐구를 지속적으로 심화시켜왔을 뿐이다.

그렇다면 그 철학적 사유 대상은 과연 무엇일까? 나의 관점에서 푸코의 사상에 대해 그로의 이 작업 전후로 생산된 탁월한 작업들, 즉 질 들뢰즈의 『푸코』(허경 옮김, 그린비, 2019), 폴 벤느의 『푸코, 사유와 인간』(이상길 옮김, 리시올, 2022), 존 라이크만의 『미셸 푸코, 철학의 자유』(심세광 옮김, 그린비, 2020), 에티엔 발리바르의 『개념의 정념들: 인식론, 신학, 정치학(에크리II)』(배세진 옮김, 후마니타스, 2023, 근간), 다케다 히로나리의 『푸코의 미학: 삶과 예술 사이에서』(김상운 옮김, 현실문화, 2018)를 살펴본다면, 각 저서마다 뉘앙스와 방점의 차이는 분명히 존재하지만 나의 독해에 따르면 이 탁월한 푸코 연구서들이 공통적으로 주장하는 바는 푸코의 사상을 초기에서부터 중기를 거쳐 후기에 이르기까지 일원론적 관점에서 해석해야 한다는 점이다. 그리고 이들의 저서에 대한 징후적 독해를 통해 검출할 수 있는 바는 푸코의 평생에 걸친 일관된 철학적 사유 대상은 바로 주체sujet와 주체화subjectivation(혹은 예속적 주체화assujettissement)이다. 그리고 이 철학적 사유 대상을 탐구하기 위해 푸코가 행했던 것은 (루이 알튀세르와 에티엔 발리바르의 정식을 가져오자면) 철학(자)적 철학이 아니라 '비철학적 철학'이다.

『개념의 정념들』에서 발리바르가 지적하듯 구조주의의

핵심 테제가 '구성하는 주체'를 '구성되는 주체'로 전도시킴으로써 이 주체를 그 기원의 자리에서 박탈하고 이를 '설명'하는 것이라면, 그로가 정치하게 재구성하는 푸코는 이 구성되는 주체를 초기에서 중기를 거쳐 후기에 이르기까지 구조주의적인 방식으로 설명한다. 이것이 이 책을 통해 우리가 명확히 읽어낼 수 있는 푸코 사유의 행보이다. 다만 발리바르의 지적대로 포스트구조주의가 이 구성되는 주체의 주체성이 처해 있는 한계를 사유하고 그로부터 주체의 정치와 윤리를 도출해낸다면, 그로가 재구성하는 푸코는 초기와 중기에는 구조주의적인 방식으로 구성되는 주체를 설명하고 후기에는 포스트구조주의적인 방식으로 이 구성되는 주체의 주체성이 처해 있는 한계를 사유하고 그로부터 주체의 정치와 윤리를 도출해낸다고 이해할 수 있다. 발리바르가 구조주의와 포스트구조주의 사이에 단절은 없으며 이것이 하나의 운동이라고 설명하듯, 우리는 초기, 중기, 후기의 푸코는 한 명의 푸코이며 단지 그의 주체에 대한 사유가 심화되면서 강조점이 주체의 설명에서 주체의 정치와 윤리로 이동한 것이라고 이해할 수 있다. 그로의 체계적인 이 재구성은 일원론적 푸코 이해가 이론적으로 정당하다는 점을 보여주는 하나의 해석이다. 철학 연구자 김은주의 지적대로 푸코에게 철학이 철학(자)적 철학이 아니라면(김은주, 「푸

코에게 '철학'은 무엇이었나?」,『철학』, 2022년 8월, 제152집), 그리
고 알튀세르와 발리바르를 따라 푸코가 행했던 바를 철학을
초과하면서도 철학에 미달하는, 철학의 타자(그것이 역사학이
나 사회학과 같은 철학 이외의 어떠한 분과 학문이든, 아니면 철학
에 한계를 부여하는 이데올로기나 경제와 같은 어떠한 심급이든)를
사유하는 비철학적 철학으로 규정할 수 있다면, 이 비철학
적 철학은 이렇듯 타자에 의해 구성되는 주체의 (예속적) 주
체화를 시종일관 사유하는 철학이다.

물론 푸코의 사상을 다른 방식으로 해석할 여지는 충분
히 존재하고 이 지점에서 논쟁이 시작되어야 한다. 우리는
철학 연구자 진태원의 지적대로 여전히 '푸코에 대한 연구'
에서 '푸코적인 연구'로 나아가야 할 필요가 있지만(진태원,
「푸코에 대한 연구에서 푸코적인 연구로: 한국에서 푸코 저작의 번
역과 연구 현황」,『역사비평』, 2012년 여름호, 통권 제99호), 그 전
에 푸코에 대한 연구를 더 심화해야 한다는 필요 또한 강하
게 느낀다. 푸코의 사상 그 자체에 대한 논쟁은 오늘날의 우
리에게 절대적으로 요청되는데, 앞서 강조했듯이 이 책은
그러한 논쟁을 위한 공통의 기반을 제공해준다. 푸코 사상
에 대한 가장 논쟁의 여지가 덜한 정리와 요약을 제시함으
로써 말이다. 이 논쟁을 지나 우리는 푸코에 대한 연구에서

푸코적인 연구로 생산적인 방식으로 나아갈 수 있을 것이고, 푸코 사상의 한국에서의 여행 또한 더 나은 방식으로 다시 시작될 수 있을 것이다.

2022년 10월 배세진